# レディの教科書

小西さやか

宝島社

at the Beginning of

# はじめに

今、この本を持っているあなたの手は、ネイルがはげたままではありませんか？

ついついメイクをしたまま眠ってしまっていませんか？

古くなった下着を「誰にも見えないから」と、こっそりはいていませんか？

買っただけで満足して最後まで読んでいない自己啓発本が、部屋に何冊も置いてありませんか？

友人との待ち合わせに軽い気持ちで遅刻していませんか？

「あの子は仕事ができない」と職場の後輩にイライラしていませんか？

だからと言って、「私は１００％頑張っているし、職場のみんなに評価されている」と、自信を持って言えるわけじゃない。そんな自分にもイライラしていませんか？

「どうせ私なんて」と、自分を冷めた目で見ていませんか？

もし、これを読んでドキッとさせられたなら……。

あなたは、変わるべき時に来ているのかもしれません。


まだ10代だった頃、20代後半や30代の女性は、ずいぶん大人に見えたものですよね。

そして、学校を卒業し、社会に出たばかりの時期には「立派な大人になった未来の自分」や「夢を実現して輝いている姿」を想像してワクワクしていたかもしれません。

ですが、その頃思い描いていた自分に、あなたはなれていますか？

自分自身を大切にできる「レディ」になれていると、胸を張って言えるでしょうか？


毎年、年齢だけは着実に積み重ねているのに、中身は変わらないまま。

自分を「女子」と呼ぶのも少しためらわれるような年齢になったのに、レディにはほど遠い。

職場でも「中堅」として扱われるから、いつまでも新人気分ではいられないけれど、自分のキャリアにいまいち自信が持てない。

なんとなく、ただ毎日が過ぎていく。

だからこそ、自分を変えたいのに、何から始めたらいいのか分からない。

気づいたら、また今年も誕生日がやってきた——。

そして、自分がどんどん嫌いになっていく。

そんなモヤモヤ感の無限ループに陥っていませんか？


実は、かつての私もそうでした。

今でこそ、日本化粧品検定協会の代表理事となり美容のプロとして活動している私ですが、昔は、何でも後回しにする「なまけ女子」だったんです。

「もともとガッツがある性格なんですよね？」

「『暇なことが嫌いで、いつも忙しく動き回っているのが幸せ』ってタイプに見えますよ」

「ポジティブそうだし、誰に何を言われても気にしないいんじゃないですか？」

周囲の人には、そんなふうに言われることもあります。

そう見てもらえるのは嬉しいこと。でも、実際はまったく違います。

本当の私は、常にオロオロしていて何に対しても自信がなく、些細なことが気になったり、クヨクヨしたりしやすい性格の持ち主です。そんな自分が嫌いでした。

ただ、だからこそ、こんな自分がどうやったら前向きに生きられるのか、どうやったら輝けるのかを、真剣に考えるようになったのかもしれません。

ここで、少し私の経歴を紹介させていただくと……。

私は、大手化粧品メーカーで6年間、化粧品の研究・開発に携わった後、ベンチャー企業に転職し、化粧品の企画開発などの仕事を担当していました。

さらに、32歳の時、日本化粧品検定協会を立ち上げ、代表理事に就任。コスメコンシェルジュとして様々なメディアで美容に関する取材をいただくようになりました。また、雑誌の読者モデルとして、おもに美容関連のページに登場させてもらっていた時期もあります。

こうして見ると、いかにも華やかな人生を歩んできたように思われるかもしれません。

でも、自分の歴史を遡ってみると、女子力どころかオシャレ自体にまったく縁がなかったんです。

兵庫の田舎町に生まれ、乳牛14匹と一緒に育ちました。授業中はいつもボーっとしていたので、『ぼー』というあだ名で呼ばれていたほど。

髪型はいつも刈り上げカットで、男の子に間違えられたこともありました。

私服の高校なのに、ファッション雑誌という存在さえ知らず、スーパーで親が買ってきてくれる服ばかり着ていて、好きな男の子に「ダサいから嫌だ」とフラれたトホホな経験も。

大学時代も、やりたいことが見つかっても諦めるの繰り返し。女子力のなさも相変わらずでした。

化粧品の正しい使い方を覚えたのも、就職してからです。

会社の新人研修で、コスメの扱い方をひと通り教わり、そこで初めて「ファンデーションって、下地の上に塗るのか」と知ったぐらいですから。

仕事は楽しかったのですが、要領が悪く失敗ばかり。さらに空気も読めず、上司や先輩から叱られて落ち込むこともたびたびでした。

**「こんなに自分のことが嫌いなままだなんて……」**

**「私の人生ってこれでいいのかな？」**

仕事後、一人で溜息をつきながら思い悩んでいるうちに、メイクを落とさないまま歯も磨かず寝てしまい、朝起きて自己嫌悪に陥る。

気分転換を兼ねて友達の家に遊びに行けば、ピカピカに磨き上げられた床に、お気に入りの可愛い小物が並んだ飾り棚、シミ一つない部屋着、良い香りのする爽やかないいトイレ。

部屋だけでなく、彼女の人生までもが輝いているように見えて、自分との差にますます落ち込む――。そんなことも少なくなかったのです。

生活だけではなく、未来の描き方も同様だったのかもしれません。

もともと、化粧品で肌が荒れた経験から「化粧品の正しい知識を広めたい」という夢は持っていたのですが、心の中で思っているだけで、何から始めたら良いのかさっぱり分からず、具体的に動き出すことすらしないで、立ち止まっていたり……。

そうしているうちに、時間だけがどんどん過ぎてしまうことに焦りもありました。

そんな「なまけ女子」の私が今、なぜ夢を実現して美容家として活動したり、起業することができたのでしょうか。

**きっと、その原動力になったのは、「変わりたい」という前向きな気持ち。**

「自分を変えたい」という気持ちは、何にも勝る大きなスイッチになると私は思うのです。

このスイッチが入ったことで、少しずつではありますが、自分の生活を見直し、時間の使い方を考え、人との付き合い方を学ぼうという姿勢が生まれました。

そして、今の自分を受け入れ、毎日のように大量の自己啓発本を読み、周囲の人のアドバイスを受け入れ、一つずつトライ&エラーを繰り返すことで、しなやかに生きる方法を見つけたのです。


「人生を変える」というと少し大げさなようですが、人生は一日一日の積み重ねによってできています。

毎日の習慣、心の整え方、仕事の進め方、お金との付き合い方。

一つ一つは、本当にちょっとしたことなのかもしれません。

ですが、少しずつ積もった砂が大きな川の流れを変えるように、小さな積み重ねは確実にあなたの人生を変えていくのです。


「どうして私は、いつまでたっても変われないままなの？」と自分を責めないでください。

変われないあなたがいけないのではありません。

あなたは、「変わり方」を知らないだけなのです。


**そろそろ自分を好きになりたい。自分も周囲の人も大切にしたい。**

**本書は、そう思うあなたにこそ、読んでもらいたい本です。**


この本には、私自身が試してみて本当に良かったと思う202のアドバイスをまとめました。

レディを目指すためには欠かせない事柄を、「心構え」「生活習慣」「コミュニケーション」「仕事」「美容」「恋愛」「お金」「家族」の8つのカテゴリーに分けて説明していきます。

本書を手に取った瞬間から、あなたはもう、本物のレディになるための一歩を踏み出しています。

さあ、ページをめくってみましょう。

小西さやか

# CHAPTER.1
## レディの基本の心構え

## CHAPTER.2
レディの生活習慣

## CHAPTER.3
## レディの コミュニケーション力の磨き方

⋮

## CHAPTER.4
## レディの仕事の進め方

110 ワンコインの「ちょこっと贅沢」で、平日を乗り切る 142
111 「職場での存在理由」を作る 143
112 交流会で、出会いたい人に賢く出会うコツ 144
113 「自分探しの転職」をしない 147

# CHAPTER.5
## レディの美容術

# CHAPTER.6
## レディの恋愛術

## CHAPTER.7
### レディのお金との付き合い方

## CHAPTER.8
## レディの家族との付き合い方

TIPS FOR LADIES

# CHAPTER.1

TIPS 001 - 018

# レディの基本の心構え

本書では、私の経験をもとにレディを目指すためのアドバイスを綴っています。とはいえ、「はじめに」でもご説明したように、もともと私は、何に対しても自信がなく、とてもこのような本を書けるタイプの女性ではありませんでした。

そんな私を変えてくれたのは、「変わりたい」という気持ちと、毎日の習慣の積み重ねです。そのため、本書では、あなたの生活にすぐに取り入れられるような具体的な事柄を紹介しています。ただ、実践的なアドバイスをお伝えする前に、少しだけ知っておいてほしいことがあります。それは、レディを目指す上での心構えです。

この章にはきっと、今あなたを悩ませている「漠然とした不安」への答えを探すヒントが隠されていることでしょう。もし、本書をすべて読み終え、アドバイスを実践していく中で挫折しそうになったら、この章をもう一度読んでみてください。

「そろそろ自分を大切にしたい」「今の自分を変えたい」

そう強く願っているあなたの心を呼び戻し、原点に立ち返ることができるはずです。

TIPS for LADIES 001 / 年齢を諦める理由にしない

これは、あなたが何歳であっても、周りが若い子だらけの環境に置かれているとしても、絶対に忘れないでいてほしいことです。

「30オーバーだから彼氏ができない」とか「太ったのは年のせい」などと、何かにつけて年齢を言い訳にしていませんか。でも、周囲を見渡せば、同い年でも彼氏が常にいたり、スリムな体型を保っている人はきっといるはずですよね。

実は、私が雑誌の読者モデルを始めたのは30歳になってからでした。周囲の読者モデルは皆20代半ばで、しかも10代からモデルを続けてきた人気の子たちばかり。最初は一人だけ年齢が高いことに引け目も感じましたが、それでもへこたれずに続けていたからこそ、美容家としての活動、そして今の自分につながったのだと思っています。

年齢を理由に言い訳にするのは今日で終わり。年齢という鎖から自分を解き放てば、視界が広がり、チャレンジ精神が湧いてくることでしょう。

TIPS for LADIES

# 002 ／「隣の芝生は、たとえ枯れていても青く見える」と心得る

女性はとかく、他人と自分を比較したがる生き物。仕事、恋愛、持ち物などすべてにおいて周囲の視線が気になってしまいがちです。私自身も、かつては「私なんて」が心の中の口癖になっていました。理想を追求するのは素晴らしいことですが、何をやっても満足感を得られないなら、それは少し寂しいですよね。

まず、「隣の芝生は、たとえ枯れていても青く見えるもの」だと心得ておくこと。そして、人を羨ましがってばかりいる自分に気づいたら、その芝生は本当に青いのか、今の自分に必要なことなのかを冷静に考えてみましょう。あなたの目に映る他人の芝生は、ただ青く見えているだけなのかもしれません。たとえば、あなたの夢がキャリアウーマンだったとしましょう。努力し続ける毎日の中で息つぎを忘れ、堅い信念がふいに折れてしまいそうになった時、友達が「結婚して仕事を辞めたからいろいろな習い事ができて楽しい！」と言うのを聞いたら、なんか楽しそう、羨ましいなぁと思ってしまうのではないでしょうか。でも、あなたの夢を考えると、あなたにとってそれは枯れた芝生かもしれません。

特に、最近はＳＮＳが主流の世の中。誰しも不安や悩みを抱えていますが、それを

上手に隠して、それ以上の生活に見せながら生きている人もいる時代です。ですから、目に映るものすべてを信じ込み、周りと比較して自分に追い打ちをかける必要はありません。

あなたにとって必要なのは、自分の芝生を美しく育てる気持ちだけです。別の芝生を持つ他人と比較するのではなく、自分自身が幸せだと信じられる道を突き進みましょう。その余裕こそが、レディの持つ品性へとつながるのです。

TIPS for LADIES

## 003 「幸福感度」は自分で上げる

ちょっとした幸せを噛みしめられる人ほど、ハッピーオーラに包まれているものです。たとえば、天気が良いだけで幸せを感じられる人なら、1年の多くの日に幸せを実感できることになります。

他人にとっては日常の一コマにすぎない出来事の中にも、自分なりの「小さな幸せ」を見出すことはできるはず。小さな幸せを発見したら「こんな○○なことができて良かった。ああ、幸せだなぁ」と口に出してみましょう。そうすることで「幸福感度」が高くなり、ささやかなことに幸せを感じられる体質になるのです。

あなたは今日、何に幸せを感じましたか？

TIPS for LADIES

## 004 「ツイている自分」を思い出す

何をやっても上手く行かない時は、「私って昔から本当にツイてない」と思い込んでしまいがちですよね。でも、あなたは本当に「ツイてない女」なのでしょうか？

人生を振り返ってみれば、誰しもツイていた経験はあるものです。落とした財布が戻ってきたり、パーティのビンゴが当たったり、好きな歌手のライブのチケットを譲ってもらえたり。そもそも、ここ数年、大きな事故や病気もなく生きられているなら、それだけで超ツイていると言えます。

私の場合は、研究や仕事でピンチの時、先輩や上司など誰かしら助け舟を出してくれたことが「ツイてる自分」を思い出す原動力になっています。

人間は、ツイていなかった経験ほどよく覚えていますが、ツイていた経験は忘れてしまっているもの。自分が不運だと感じるなら、あなたの中の「ツイていた過去」をその時の感情とともに呼び起こしてみましょう。感情と結びついたイメージは強力に潜在意識に刻み込むことができます。

このようにして、自分の潜在意識に「私は超ラッキーな女」だというイメージを刷り込むことで、本当に次々と「ツイている」ことが起こるようになるのです。

TIPS for LADIES

## 005／「私は完璧にこなせるサイボーグじゃない」と自覚する

真面目な人であればあるほど、怠けている自分が許せないものです。私も、疲れが極限まで溜まって休日に昼過ぎまで爆睡してしまうと、「せっかくの休日を無駄にしちゃった……」という絶望感で、自己嫌悪に陥ってしまうことがよくありました。その嫌悪感から、その日の午後も悶々としてしまうダブルパンチに陥ることも。

でも、起きられないほどぐっすり眠ってしまうのは、身体が悲鳴を上げているサイン。あなたは、休まずに動き続けられるサイボーグではありません。

「午前中にやるはずだった洗濯物ができなくなっちゃった。でも、そのおかげで自分の身体の悲鳴に気づけ、ゆっくり寝て身体をいたわってあげられた」と考えるようにしましょう。

TIPS
for
LADIES
006

# 成功の鍵は、「鋼の精神」ではなく「スポンジ力」

自分らしく生きるために必要なのは、自分の意思に合わないものすべてを跳ね返す鋼の精神ではありません。鋼の心は、強烈なパワーを発揮することもありますが、予期せぬトラブルに見舞われたりすると、途端にポキッと折れてしまう諸刃の剣でもあるのです。

精神的にタフになるために必要なのは、自分とは180度違う意見でも冷静に吸収する「スポンジ力」。「こうあるべき」と、自分だけの正しさの尺度で動こうとすると、どんどん視野が狭くなり、結果的に誰も意見を言ってくれなくなります。「こういう風に考える人もいるのか」と、いったん受け止めるスポンジのような柔軟性を持つことで、真の強さを手に入れることができるのです。

「でも」「だって」「だけど」を言う前に、相手の意見をじっくり聞いてみましょう。目から鱗のアドバイスかもしれませんよ。

TIPS for LADIES 007

## 「モヤモヤ感」は、その日のうちに解決

「自分の言動が誤解されているんじゃないか」とか、「もしかして怒らせてしまったかも……」と相手の反応が気になって、心がモヤモヤすることはありませんか。

そんな時、私は仕事でもプライベートでも、メールやＬＩＮＥではなく、すぐに電話して誤解を解くようにしています。話を聞いてみたら、自分の思い過ごしで、相手は何とも思っていないケースも意外なほど多いもの。モヤモヤ感を引きずっていると、寝つきも悪くなりますし、いいことは一つもありません。その日のうちにパパッと解決しておきましょう。

TIPS for LADIES 008

## 「未来ノート」を作る

長い目で目標に向かうとはいえ、「いつか達成したい」と漠然と考えているだけでは、いつまでたっても夢は叶えられないかもしれません。

実現したい大きな目標があるなら、それを達成するために今何を

すべきなのか、逆算して考えましょう。私は、夢を実現するために「今年やるべきことは何か」を一年の初めにリストアップし、それをもとに毎月の仕事や生活の設計を立てています。

「未来ノート」を作ってみるのもオススメ。1年後、2年後、3年後、5年後、10年後、どんな自分になっていたいのかをノートに書き出すのです。仕事、友達、恋愛、外見などのカテゴリーに分け、できるだけ細かく記しましょう。さらに、各カテゴリー毎に、目標とする人を定めましょう。「仕事は○○先輩のようにみんなから信頼されるリーダー職を目指す」、「外見は○○さんのように清潔感と品の良さを持ち合わせている女性になる」など。こうすることで、未来の自分を具体的にイメージできるようになります。また、1年経つごとに、そのノートを見返せば、目指していた自分に近づけているのかを確認し、奮起するための原動力にもなることでしょう。

TIPS for LADIES

## 009 ／「言霊《ことだま》」で、周囲に夢の種をまいておく

仕事やプライベートで実現させたい夢や目標があるなら、どんどん周りに伝えましょう。周囲に公言しておくことで、人を紹介してもらえたり、思わぬチャンスが舞

い込んできたりします。

私は、読者モデル時代、その後の目標としていた美容家になるためにも、「どんなに小さい企画でもいいので美容の撮影があったら呼んでください」と編集者に伝えていました。読者モデルは、通常、ファッションページの撮影が中心なのですが、私はおかげで、美容ページなどにのることが増えました。そして、それがきっかけで美容家や化粧品の開発コンサルティングの仕事にもつながったのです。

「言霊」と表現されるように、言葉には大きな力が宿っています。恥ずかしがったり、「図々しいかな」と躊躇していては損！　日頃から周囲に種をまいておくからこそ、夢は、芽を出し実を結ぶことができるのです。

それに、口に出すことで「絶対実現させよう」という自分自身への意気込みにもつながりますよ。

TIPS for LADIES
## 010 ⁄ 行き詰まっているなら、「毎日の習慣」「行く場所」「会う人」を変えてみる

毎日がつまらなく感じられて、なんとなくやる気が起きないなら、日々の習慣や会

う人を積極的に変えてみましょう。

駅からの帰り、昨日とは違う道を歩いてみる。ランチはいつも定番になっているお弁当屋さんではなく、別の店に行ってみる。毎日顔を合わせる同僚ではなく、学生時代の友人を食事に誘ってみる。それだけで、新しい自分を発見できたり、気分がリフレッシュするものです。

TIPS for LADIES 011

## 「妬んでしまう相手」にこそ、自分がほしいものが隠れている

自分がどんな人間になりたいのか、何を手に入れたいのかが見えなくなってしまうことはありませんか。そんな時は、自分が最近つい嫉妬してしまった人を思い出してみましょう。

「あの子は、みんなから可愛がられている」とか「あの先輩は、たいして仕事ができるわけでもないのに重要なプロジェクトを任されている」などと感じる相手こそ、裏を返せば、あなたが羨ましいと思っている対象だったりもするのです。そして、「その人にあって、自分にはないもの」こそが、あなたが手に入れたいものである可能性は

否めません。そんな時は、羨ましさと悔しさが入り乱れ、つい眉間に力が入ってしまいますよね。でも、その瞬間がチャンスです。

一度深呼吸をして心を落ち着かせ、羨ましいな、と思う相手の持っているもの、雰囲気など、自分との差を分析してみましょう。そして後は、相手の持っているもので欲しいものから、上手に自分に取り入れていけば良いのです。

その感情の中には焦りもあるかもしれませんが、大丈夫。そう羨んでしまっている心と向き合い、自分自身を受け止めることで、ふと気持ちが楽になりますよ。

あなたはあなた。羨むより先に自分を認め、他の誰にもない魅力に、誰よりも先に気づいてあげましょう。

TIPS for LADIES

## 012 ／ 心の健康は、自分でしか作れない

もし体調を崩しても、ちょっとした風邪なら近所のクリニックに駆け込めば、薬をもらってすぐに治すことができるでしょう。でも、一度心のバランスが大きく崩れてしまうと、医師や薬の力を頼っても取り戻すのが難しいこともあります。

日々の生活の中で、何か起きるたびに振り子のように心が揺れ、「疲れたなぁ」「辛

すぎるなぁ」と感じるのは、あなただけではなく私も一緒。その揺れ幅を完全にゼロにすることは、おそらく不可能ではないでしょうか。だからこそ、揺れ幅を自分でコントロールして平常心に近づけられる習慣や自分へのメッセージを見つけておくことが必要です。条件反射の例として用いられる「パブロフの犬」のように、つらい時に毎回同じ行動を取るようにすると、「これで心が休まる」という暗示を自分自身にかけられるものです。

私は、協会を立ち上げた当初、いろんな外的圧力に押しつぶされそうになり何度も辞めようかと思ったことがありました。絶望の淵に立ったとき、ふと鞄の中に入っていたゆるキャラのストラップが目に留まりました。そこで、試しに、「十分頑張ったよ。無理しすぎなくてもいいよ。でも泣いたり諦めたりしたら負けだよ」とゆるキャラに心の中で囁いてみました。そうすると、不思議に、心が落ち着き、今、こんな状況でも自分ができることを一つずつ、無駄や遠回りなことかもしれないけどやっていこうという気持ちが湧いてきました。それ以来、心が揺れる度に、同じことをするようになり、今では、どんなに辛いことも穏やかな心で受け入れられるようになりました。

ちょっとしたことですが、この心を支える習慣がなければ、協会の仕事も美容家の仕事も断念してやめてしまっていたかもしれません。そして、これができるのは、他人ではなく自分自身しかいないのです。

TIPS for LADIES

## 013 / 自分だけのストレス解消法を見つけておく

多かれ少なかれ、仕事や恋愛、人間関係など人は誰もがストレスを感じます。そこで重要なのは、自分だけのストレス解消法を見つけておくこと。特に、頑張り過ぎずにできて、無心になれたりリラックスできたりすることがオススメです。お気に入りのスポーツで汗を流す、コメディ映画を観て大笑いする、もぐら叩きをする……などなど、人に迷惑をかけないなら何でも構いません。とっておきのストレス解消法を見つけておきましょう。

以下は、私が実践しているストレス解消法です。

- □ スーパー銭湯で1日過ごす
- □ 店員から話しかけられず無心になれるマッサージ店に行く
- □ お気に入りの焼肉店で好きなだけ食べる

□ホテルのアフタヌーンティーで優雅に女子会をする
□頑張らないでいいリラックスヨガをする
□陶芸やフラワーアレンジメントなど、無心になれる趣味に没頭する
□歩くスピードくらいのゆったりとしたランニングで身体を動かす
□お寺で写経や座禅を体験する

もし、興味のあるものが見つかったら、ぜひ試してみてください。

TIPS for LADIES
## 014 / ツラい時こそ、ひときわキレイな自分でいよう

仕事で失敗したり、失恋して自信を失った時、ふと鏡を見ると、そこに映るのはどんよりくすんだボロボロの顔……。こうなってしまうと、ダメージがさらに倍増して立ち直るのも一苦労です。

ツラい時こそ、「私はキレイ」と思えるよう、とっておきのスペシャ

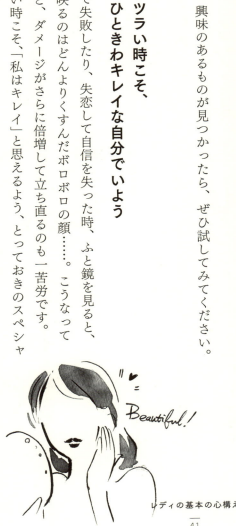

ルなシートマスクをしたり、ネイルオイルで指先ケアをしたり、お手入れを念入りにしましょう。あなたに自信を取り戻させるのは、他ならぬあなた自身なのですから。

TIPS for LADIES

## 015 ／「瞬発的な実践力」を身につける

何冊も自己啓発本を読んだり、どんなにいいアドバイスをもらっても、それを実践しなければ、毎日の生活は変わらないままです。「自分には無理かも」などと悩んでいては、時間がもったいない！「これはいい」と思えることがあれば、即座に取り入れてみましょう。

私は、経営者という立場柄、他社にお邪魔することも多いのですが、他社の制度で面白いと思うものがあれば、すぐに自分の会社でも実践するようにしています。うちの会社にその制度がなじむかどうかは、やってみなければ分からないですし、合わなければその時どうするのかを考えれば良いだけの話です。

この本の中に「やってみたい」と思うことを見つけたら、「できるかどうか」を考える前に、実践してみてください。そうやって実行に移しているうちに、どんどんフットワークが軽くなっている自分に気づくはずです。

TIPS for LADIES

# 016 / アンチを恐れず、堂々と行動する

仕事でもプライベートでも、新しいことを始めたり、それまでの人間関係を変化させようとすると逆風が吹くものです。もし、あなたが仕事で新たなプロジェクトを立ち上げて成功すれば、同僚に妬まれるかもしれません。繊細な人であればあるほど、他人のやっかみや悪口が気になってしまうと思います。

でも、そんな人を気にして自分のやりたいことを我慢するなんて、もってのほか。ある化粧品会社の社長は、新たに打ち出したコンセプトが世間から叩かれた時、こう言っていました。「そんなに知ってもらって、興味を持ってもらえるなんて、ありがたい」。批判に落ち込むのではなく、むしろプラスにとらえて喜んでいたのです。「好きの反対は、嫌いではなく無関心」。叩く人がいればいるほど、あなたは他人から関心を集める存在だということなのです。

叩かれたら、関心を持たれたことに感謝して、堂々と行動しましょう。次第に、批判的だった人も、やっかみを言うことに飽きて、むしろあなたの味方に転じることすらあるのですから。

TIPS
for
LADIES

# 017 ／ 自分だけの「メンター」を見つける

メンターとは、仕事や人生を導いてくれる相談相手のこと。最近では、職場で新入社員の指導にあたる先輩のことをメンターと呼ぶ会社もあるようですが、ここで言いたいのは、人生におけるアドバイザーのことです。

「人生のアドバイザー」と聞くと、「そんな人とどこで出会えるの？」と思うかもしれませんが、私のメンターの中には合コンで知り合った人もいます。メンターは、意外なほど身近にいるものなのです。

私がこれまで出会ったメンターと呼べる存在の人たちには、以下の共通点がありました。

### ● 同じ会社ではない

同じ会社の上司や先輩だと、職場の人間関係のしがらみもありますし、転職の相談などはしづらいかもしれません。

### ● 利害関係がない

他社であっても、競合しているような職業や、取引が頻繁にあるような会社の人では利害関係が生まれてしまいます。

● コーチングや心理学を知っている

メンターの必須条件ではありませんが、私のメンターは、ここに長けていたこともあって、こちらの意図を汲んで的確なアドバイスをくれました。

● 人を見下さない

相談しても鼻で笑ったり、「そんなのたいしたことないよ」などと軽くあしらうような人はメンターに適していません。じっくり話を聞いてくれる懐の深い人を選びましょう。

TIPS for LADIES

## 018 ／ どん底の時に支えてくれる人を一番大切にする

人生とは、寄せては返す波のようなものです。波に乗っている時は、自然と多くの人が集まってきます。

引き寄せの法則とはよく言いますが、本当にその通り。波に乗っている時ほどいろいろな人から声がかかったり、人との出会いに恵まれたりと幸せな時ほど出会いにあふれる時もありますよね。しかし残念なことに、逆にどん底の時は潮が引いたように人が離れていくことも。

実は、私もこの波を実際に体感しました。最初は、あまりのショックに現実を受け入れられませんでした。そんな時、とても親身に相談に乗ってくれた人が言ってくれた言葉を今も鮮明に覚えています。「いいんだよ。これで本当に信頼できる人が見つけられたのだから」と。

自分が落ちている時でも、離れずにそばにいてくれて支えてくれる人こそが、あなたが本当に大切にするべき人なのです。一番辛い時、ピンチの時に支えてくれる人、あなたにとって、それはいったい誰でしょうか？

また、その人がピンチの時は、あなたも全力で力になってあげてください。あなたにとって特別な存在でいてくれた相手と、深い信頼関係が築けることでしょう。

TIPS FOR LADIES

# CHAPTER.2

TIPS 019-040

# レディの生活習慣

心構えをマスターしたら、レディになるためのより具体的な方法について学んでいきましょう。この章では、毎日の生活の中で取り入れたいレディの習慣についてご説明します。「自分自身を大切にできる女性」になりたいなら、まずあなた自身の生活を見つめ直してみてください。帰宅するなり、靴を脱ぎ捨てて服のままソファに寝転がっていませんか？　靴下に穴があいていたり、タイツが毛玉だらけだったりしないでしょうか？

習慣というのは恐ろしいもので、一つ一つの生活態度がその人の肌、表情、身に着けているもの、仕草にまでダイレクトに表れます。そして、どんな生活を送るかによって、１年後、10年後の未来さえも大きく変わってくるのです。

ここに書いてあることは、もともと「なまけ女子」だった私が実践できているのですから、難しいことはまったくありません。一つ一つは本当にささいなことですが、これをまず１カ月続けてみてください。

気分が前向きになり、心身ともにスッキリしている自分に気づけるはずです。

TIPS for LADIES 019

## 自分の「生活習慣ルール」を決めておく

毎日の生活の中で使う「自分なりのルール」を持っておくと、物事がスムーズに進んだり、時間のロスを省けるようになります。

私の場合は、「朝食をたくさん食べられないから、昼食で多品目を摂る」というルールを自分に課しているので、ランチタイムにメニューを選ぶ際もあまり迷うことがありません。

自主的に実行できるルールを習慣化していると、自分なりのリズムが作れますし、何より、それを守れている自分自身に充足感を覚えられるようになるものです。

まずは一つ、ルールを作り、継続して守ってみましょう。ルールは、たまにではなく日常的に自力で実行できるものにしてください。たとえば、以下のようなものです。

- 朝、起きてから出かけるまでホコリ取りスリッパを履き、身支度しながらプチ掃除
- 始業時間の30分前には出社し、着席する
- 移動の前に、改札口に一番近い車両を調べておく

・待ち合わせには10分前に到着する
・夜寝る前に、明日着る服のコーディネイトを考え、ハンガーにかけておく

TIPS for LADIES
020

## 習慣にするには、「成功体験」を数える

「ジムに通おう」と決めたのに、三日坊主に終わってしまった経験はありませんか。最初は意気込んでいても、忙しかったり疲れていたりして、どうしても行けなかったり、面倒くさくなってしまう日だってありますよね。

そんな時に、「今週は、2回もサボってしまった」とできなかったことをカウントすると、自分がダメ人間に思えて、ますます足が向かなくなってしまいます。ですので、「今週は、こんなに忙しかったのに1回行けた！」とか、「今月はトータルで5日間も通えた」など、達成できた日数を数えるようにしましょう。そうすれば、「自分も捨てたもんじゃない！」とやる気が湧いてくるはずです。

人は、どうしても「失敗した数」ばかりを意識してしまう生き物。でも、物事を続けるために必要なのは、「成功した数」を数えることなのです。

TIPS for LADIES

## 021 / 清潔感はいつだって優先順位トップ

レディの条件に必須なのが、何と言っても清潔感。

シワのないシャツ、ツヤのある髪、眩しいばかりの笑顔、持つものさえ美しく見える指先、足取りも軽く見える足元……。挙げるとキリがありません。

どんなにオシャレな服で着飾っていても、着ている本人に清潔感がなければ、他人の視線は、服ではなく「不潔な部分」に注がれてしまいます。しかも、自分では気づきにくい意外なところほど人に見られているもの。特に、以下の部分は他人の視線を集めやすい部分です。一日最低一度はセルフチェックする習慣を身につけてください。

□ **服**　シミやホコリがついていませんか？
しわくちゃになっていませんか？
アイロンなどお手入れをする時間がない人は、
洗濯機で洗える素材でシワになりにくいものがオススメ。

□ **髪**　髪が伸びてプリン状態になっていませんか？
髪の毛が飛びはねていませんか？

カラーが抜けるとたんにツヤのない髪に見えてしまいますよね。

特に夏は、紫外線の影響で退色も早まりがち。ＵＶケアできるヘアスプレーなどの対策で、ツヤ髪を持続できますよ。

□ **爪**　割れていたり、ネイルがはがれてしまっていませんか？
ささくれはないでしょうか？　長過ぎる爪も不潔な印象を与えます。

□ **歯**　食べかすや黄ばみがついていませんか？　ランチの後は要チェック！
オフィスに歯ブラシを置いておくか、携帯歯ブラシを持ち歩きましょう。

□ **靴**　ヒールやつま先がすり減りすぎていませんか？
階段を上る時など、想像以上に他人から靴は見られています。

TIPS
for
LADIES
# 022 ／「笑いグセの効能」を知る

生まれ持った顔つきのせいなのでしょうか。私は、「どうしていつも笑っているの？」と周囲に聞かれることがよくあります。正直なところ、自分では意識して笑っているつもりはないのですが、人に会った時ににっこり微笑むようにしていたら、その口角があがった顔の笑いグセがついており、いつも笑顔だと感じていただけているようなのです。

以前は、「真剣味が足りないってことかな？」とマイナスに捉えていた時期もあったのですが、最近ではこれが自分の武器だと思えるようになりました。なぜなら、笑顔は伝染するから。いつもニコニコしていれば、自然と人が近寄ってきますし、笑顔の輪が広がるのです。

笑いグセの効能は、それだけではありません。辛い状況でも、思いきり笑ってみることで元気が出る時もありますし、大声で笑うことで免疫力が上がるというデータもあるほど。

まずトイレに行くたびに、鏡の前でニッコリ笑ってみましょ

う。人と話す時は、「大げさかな」と思うぐらいの笑顔を心がけてください。続けているうちに表情筋が発達するので、無理に笑おうとしなくても〝ナチュラルな本物の笑顔〟を手に入れることができるようになるはずです。

TIPS for LADIES

## 023／家に帰ったら、座る前にやるべき7カ条

帰宅後、ソファに直行すると、立ち上がるのが億劫になりがち。疲れがピークに達している時などは、着替えも済ませないままソファでウトウト……なんてこともあるかもしれません。帰ったら、腰を下ろす前に次の7つのことを順番に済ませていきましょう。そうすれば、部屋が散らかったりせず、翌朝の出勤時にも慌てずに済みます。

1．一日頑張ったお気に入りの靴は、脱ぎっぱなしにせず、すぐに下駄箱へ。ついでに明日履く靴を出して、靴からコーディネートを考えてみても◎。靴に合わせて明日のコーデを一緒に出してしまいましょう。

2．部屋の中に「バッグ置き場」を決めておき、バッグはその場所へＩＮ。

3. コートやジャケットなどアウターはハンガーにかける。椅子などに置かない。
4. アクセサリーは、アクセサリーボックスなど決まった場所に戻す。
5. 部屋着に着替え、脱いだ服はしまうものと洗うものに分別し、しまうものはクローゼットへ。洗うものは洗濯カゴに投入。夜洗濯する派なら、ここで洗濯機のスイッチを押す。
6. メイクを落とす。どんなに疲れていてもクレンジングを忘れないように、その日のテンションで使い分けられるよう、数種類を常備しておく。
7. 目に見えるゴミなど（我が家の場合は愛猫の毛が散っているので）を拾う。

私はこの一連の作業を終えてから、ソファに腰かけてテレビをつけています。こう書くとずいぶんやることが多いように感じられますが、これら7つを一つの流れにすると、ものの数分で終わります。

まずは、1週間続けてみてください。習慣にしてしまえば、何もせずにソファに直行することの方がむしろ居心地悪く感じるようになるはずです。

TIPS for LADIES

## 024 / アクセサリーは、「長さ」「大きさ」「重さ」で分別

7カ条の4つめ、アクセサリーについては、すぐにしまうためのコツがあります。毎朝余裕を持って準備を済ませるためにも、アクセサリーの管理方法は大切。雑然と置いていると、なくしたり絡まったりして、お気に入りのアクセサリーとお別れするハメになってしまいます。アクセサリーは、「長さ」「大きさ」「重さ」で分別して収納するのがオススメ。私は100円均一のグッズを利用して次のように使い分けています。

**ネックレスなど長いもの**
コルクボードに押しピンを刺したものに吊るす。

**ピアスや指輪など小さいもの**
プラスチックの小物入れに一つずつ入れる。

**パールや凝ったデザインのネックレスなど重いもの**
ビニール製のウォールポケットに一本ずつ収納。

こうしておけば、絡まらず、大切なアクセサリーを失うこともありませんし、忙しい朝にサッと取り出すことができ便利ですよ。

TIPS for LADIES

## 025 / 日光パワーで、寝起きスッキリ

毎朝、起きたらすぐに窓を開け、日の光を浴びましょう。朝の日光には、自律神経を整え、体内時計を正常にする効果があると言われています。時間があれば、ベランダに出て深呼吸し、四季の香りを感じるのも良いですね。

また、日中、窓を閉めっぱなしになってしまう人も多いと思います。せめて、朝起きてから出勤するまでの間ぐらいは窓を全開にして、部屋の空気を入れ替えるようにしましょう。

TIPS for LADIES

## 026 / 朝のメイク時間を「情報収集タイム」に

私は、毎朝メイクをする際、必ずテレビのニュース番組をつけ、それを横目で眺めるようにしています。こうすることで、無意識のうちに様々なジャンルの情報を幅広

くキャッチできるからです。

「情報ならインターネットで収集できる」と思うかもしれませんが、自分で取捨選択するネットニュースでは、情報が偏りがち。でも、あなたが興味を持っていること以外にも、世の中にはたくさんの重大なニュースが報じられています。職場や取引先でその話題になった時、自分だけが知らない……なんてことは避けたいですよね。

すべてのことに詳しくなる必要はありませんが、レディたるもの、巷で話題になっているニュースの概要くらいは押さえておきたいもの。概要だけでも掴んでおけば、さっと機転を利かせて会話を弾ませることだってできますよね。そのためにも、日々のニュースにアンテナを張っておきましょう。

TIPS for LADIES

## 027 / 落ち込んだ日には、ちょこっとお掃除で自信を取り戻す

仕事を終え、疲れて帰宅した時に部屋が散らかっていると、それだけで気分がげんなりしてしまいますよね。嫌なことがあってテンションが下がっている日なら、なおさら疲れがずっしりと肩にのしかかってきます。

だったら、気分が落ち込んだ時ほど、部屋をキレイに掃除してみましょう。散らか

りすぎてどこから手をつけて良いのか分からない人は、トイレや洗面所の掃除から始めるのがオススメ。面積が狭いので成果を実感しやすく、クローゼットなどと違って、物の処分に迷って時間を消費することが少ないので、集中して取り組めますよ。また、なかなか掃除を見落としがちな鏡も忘れずに。鏡が晴れると映る顔も変わって見えますよ。

そして、掃除した後は、とっておきのお茶をいれ、お気に入りの香りをたきながら、キレイになった部屋で癒やしのひと時を。頑張ってキレイにした自分を褒めてあげましょう。

TIPS for LADIES

## 028 / カバンの散らかりは心の散らかり

「部屋が汚い女性は、たいていカバンの中も汚い。さらには自分のビジョンも混沌としている」

これは、ミス・ユニバース・ジャパンのナショナル・ディレクターとして、知花くららさんや森理世さんをミス・ユニバース2位、1位の座に導いたイネス・リグロンの名言。長年にわたり、多くの女性たちを見てきたイネスの言葉には、非常に説得力があります。

部屋を掃除するのと同じように、バッグの整理整頓にも気を配りましょう。毎日同じ通勤バッグを使っていると、バッグの底やポケットにゴミがどんどん溜まってしまいます。また、中身がごちゃごちゃになり、何がどこにあるか分からない状態に。大切なものを失くすリスクも高まりますし、人前でガサゴソと探す姿はみっともなく映ってしまいます。


「ごちゃごちゃバッグ」にならないための対策は、毎晩、寝る前にバッグの中を整理すること。私は、財布やパスケース、手帳など毎日使うものはバッグインバッグに入れているので、バッグインバッグごと取り出し、書類や本など大きなものを一度外に出して、中のゴミを捨てるだけ。整理は30秒もかからずに終わります。また、翌日別のバッグを使う場合も、バッグインバッグを入れ替えれば済むので、とっても便利。

日々、何度も物を出し入れするバッグは、大切な仕事道具。整理が行き届いたバッグが相棒なら気持ちもスッキリしますし、仕事の効率も上がりますよ。

TIPS
for
LADIES

## 029 / ビニール傘を卒業する

私の周囲の女子力が高い人に共通することの一つに、「ビニール傘を使っていないこと」が挙げられます。これは、彼女たちが持ち物にこだわりを持っていたり、人からの視線を意識している証なのかもしれません。たとえ傘一本であっても、自分が使う物に妥協しない姿勢は、気品を感じさせます。

レディを目指すなら、ビニール傘からは卒業してみましょう。そして、品のあるちょっとしたブランド物の傘を一本買ってみてください。私は、百貨店で5000円～1万円ぐらいの傘をセール時に3000円～5000円ほどで購入しています。「傘にその値段をかけるのは高い！」と思うかもしれませんが、考え方次第ではないでしょうか。というのも、ビニール傘は置き忘れてしまったり、取り違えられてしまったりとしょっちゅうなくしがち。そのたびに買っていたら、あっという間に数千円かかってしまいます。お気に入りの傘なら大切に使うようになりますし、ビニール傘より持ちもいいので、結果的にお得になる可能性もあるのです。

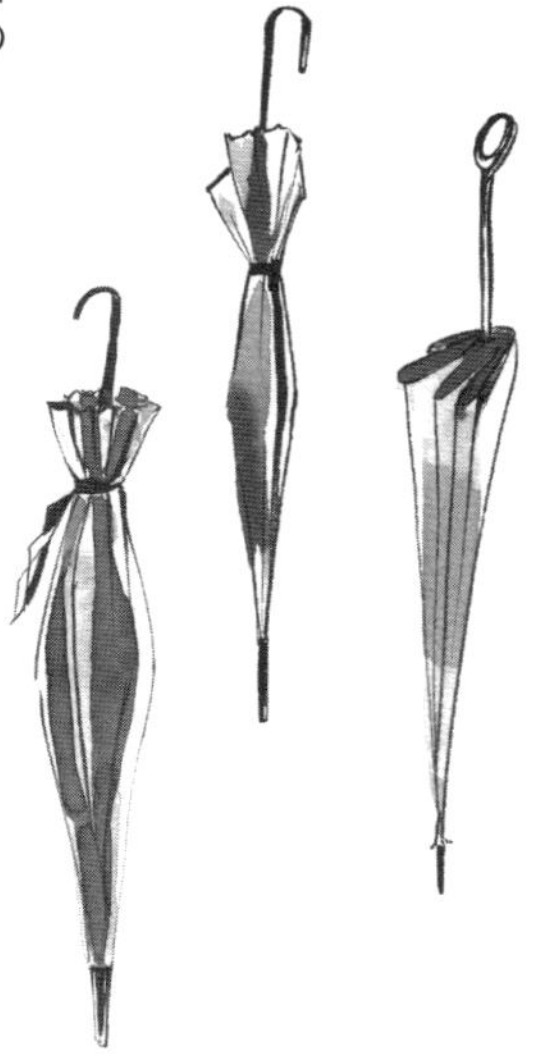

TIPS for LADIES

## 030 / 日傘は年に1回買い替える

紫外線が強い季節はもちろんですが、急な雨に備えて、私は晴雨兼用の折りたたみ傘を常にバッグに入れて持ち歩いています。

買い替えの目安は年1度。晴雨兼用傘はたいていビニール素材なので、破れたり傷んだりしやすい上、使っているうちに、UVカット効果は雨で落ちてしまうからです。

何かと便利な折りたたみ傘ですが、いちいちたたむのは面倒ですし、電車に乗った時に水滴をまき散らしてしまうのは困りものですよね。そこで、私は、折りたたみ傘専用ケースを一緒に持ち歩いています。内側に水分を吸収するタオル地がついたケースで、これなら、電車に乗る際も、骨の部分を折るだけでサッとケースにしまえます。ケースが水滴を吸収してくれるので、そのままバッグにしまっても、バッグの中が水浸しにならずに済みますよ。

TIPS for LADIES

## 031 / 自信を与えてくれる「勝負靴」を一足買う

取引先との重要な会議の日や、ここぞというデートで使えるような上質なヒール靴を一足持っておきましょう。「素敵な靴を履くと、その靴が素敵な場所に連れて行ってくれる」という海外のことわざが示すように、靴には不思議な力が宿っているもの。お気に入りの一足を履くと、自然と気持ちが引き締まります。

私の「勝負靴」は、ボルドー色のピンヒール。テンションが上がる色ですが、真紅のように派手ではないので黒いパンツスーツにも合わせやすく、とても重宝しています。もちろん、手入れは怠らずに！

TIPS for LADIES

## 032 / 通勤と仕事で靴を使い分ける

せっかく良い靴を買っても、その靴でしょっちゅう出歩いていたら、あっという間に汚れてしまいますし、ヒールの修理代もバカになりませんよね。

そこでオススメなのが、通勤など移動の時には、フラットシューズを履くこと。内勤の人であれば、会社のロッカーにオフィス用のきちんとしたヒール靴を置いておき、出社したらフラットシューズと履き替えます。営業職のように外回りが多い人なら、専用の袋に仕事靴を入れて持ち歩きましょう。移動時はフラットシューズを履き、目的地の最寄駅のトイレなどで、仕事靴と履き替えるのです。持ち歩くのは荷物が増え

て大変な面もありますが、これで女の肝、ヒールの品格を保てるならお安いご用です。さらに、フラットシューズなら脚が疲れにくく、姿勢も良くなります。何より、歩くスピードがヒール靴とは全然違うので時間の短縮にもつながりますよ。

TIPS for LADIES

## 033 / 「自分へのご褒美デー」には、下着を新調

給料日や大きな仕事を終えた日など、自分へのプチご褒美をあげたい気分の時は、新しい下着を買ってみましょう。パーッと飲みに行くのも悪くありませんが、そのお金があるならキレイになれるアイテムを一つ買うことで、自分の中の「レディな部分」を呼び覚ますことができる気がするのです。

特に、下着は他人から見えない分、後回しになりがち。でも、自分にしか見えないものだからこそ、日頃から気を遣うことで細部にまで心配りできる姿勢が生まれ、気持ちも華やぎます。

新しい下着を買ったタイミングで、クローゼットの中にある古い下着をチェックしましょう。ゴムが伸びていたり、色あせているものはゴミ箱へ。捨てるか迷う時は、「好きな人に見せら

れるかどうか」を基準にしてください。

目標は下着の引き出しを、宝石箱にすること。開けるたびにうっとりするような引き出しなら、毎日の下着選びも楽しくなるはずです！

TIPS for LADIES
034

## 栄養はランチで摂る

たまにしか自炊ができない人の場合、自分でバランスの良い食事を作るのはなかなか難しいもの。はりきって食材を買い込んでも、食材を使い切ることができず、食材を無駄にしてしまうこともあるかもしれません。

そのような人は、無理に自炊をするよりも、ランチでバランス良く多品目を摂ることを心がけましょう。私は、夜ご飯は少なめにして、ランチで野菜をたっぷり摂れるように、サラダバイキングがあるお店を都内の主要な駅の近くでそれぞれピックアップしています。こうしておくと、外出先でのランチ場所に迷うこともありません。サラダバイキング以外でも、小鉢をたくさん出してくれる定食屋さんや、身体を温め、小皿料理などがたくさん摂れる韓国料理店などもうれしいですよね。

栄養を摂れるランチスポットを日頃からリサーチしておきましょう。

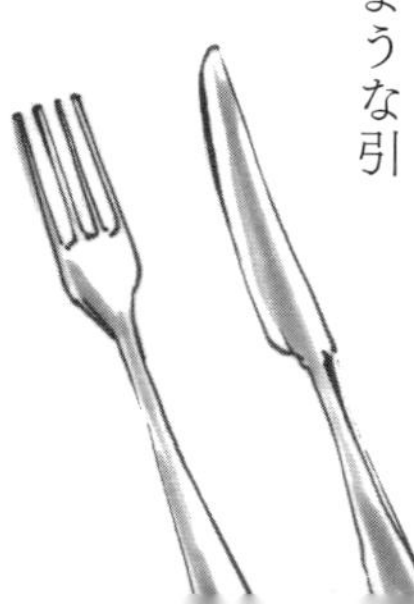

TIPS for LADIES

# 035 / アンチ・ミニマリスト

ここ数年ブームになっている「ミニマリスト」。実は私も、スッキリと片づいた部屋で生活することに憧れ、指南書どおりに物を捨て、ほとんど何もないガランとした部屋で過ごしてみたことがあります。すると、「あれもない、これもない」と困ったり、捨ててしまった思い出の品のことが頭に浮かんで寂しくなったりしてしまいました。きっと、必要なもの、好きなものに囲まれる幸せもあるような気がするのです。

とはいえ、「捨てられない女」になってしまうと、部屋は散らかり放題になってしまいます。「お気に入りのものに囲まれる」&「清潔な部屋」を両立させるために、自分だけの「捨てる基準」を作っておきましょう。

たとえば、服。整理整頓の専門家の中には「ワンシーズン着ないものは捨てる」と推奨している人もいますが、頻繁に服を買う人でない限り、3年間までなら猶予を持っても良い気がします。私は滅多に服を買わないので、買ったものにとっても愛着があります。ワンシーズンで捨ててしまわず、3年間はOKにして、その間一度も袖を通さなければ、潔く手放すようにしています。また、捨てる痛みを味わいたくないので、ネットで申し込める買い取りサービスを利用しています。皆さんも自分だけのルールを作ってみませんか？

TIPS for LADIES

## 036／SNSに振り回されない

フェイスブックやツイッター、インスタグラムなどのSNSは、便利で楽しいツールである反面、疲れを与える側面も持っています。たとえば、友人からのコメントが気になって落ち着かなかったり、「いいね！」の数に一喜一憂してみたり。皆が羨ましがるようなステキな写真をアップしたくて、女子会では会話そっちのけで料理や店内の写真を撮ることに夢中……なんて人もいるかもしれません。

かくいう私も、夫と食事に行った時まで、SNSアップ用の写真を撮るのに必死になってしまい、夫から「二人でいる時ぐらい、撮影はやめて」と注意されたことがあるほどです。

でも、夫のこの言葉で目が覚めた気がしました。SNSでアピールするために、その場やその瞬間を楽しめなかったり、一緒にいる人を不快にさせるようでは、本末転倒なのです。

SNSを活用しているようで、実は振り回されていませんか。私は、「SNS疲れ」

を防ぐために以下のようなルールを実践しています。

●「ノーSNSタイム」を決める。

1日の中で、SNSに一切触れない時間帯を設定しておきましょう。

「ランチ中」「寝る1時間前から」など、短い時間でかまいません。

●「ノーSNSデー」を決める。

「毎月第3土曜日」など、丸一日SNSに触れない日を具体的に決めておきます。

仕事でSNSを使っているなら休日に設定すると良いでしょう。

もちろん、プライベートのみでSNSを使う人であっても、休日に他人の行動を気にせずゆっくり過ごすために、あえて休日を「ノーSNSデー」にするのもアリです。

●SNSの「自分ルール」を決めておく。

「女子会中に写真は撮っても、SNSにアップするのは解散してから」など、自分なりのルールを設定しておきます。

その場の雰囲気を楽しむことも大切だからです。

● SNSの発信内容を絞る

インスタグラムなどのSNSは同種の写真が多い程、フォロワーが増えるとも言われています。そのため、アップする内容を絞り込むのもオススメです。

また、SNSで人気の方に聞くと「同じものでも、20枚くらいいろんなカットで撮影し、その中で自分のブランディングに合ったものだけに絞ってアップしている」のだそうです。

TIPS for LADIES

## 037 / 美しい所作をつくる「和装気分」

美しい所作を身につけるのにうってつけなのが着物。着物は洋服に比べて動ける範囲が狭いので、自然と動作がコンパクトになるからです。

とはいえ、頻繁に和装はできないので、「着物を着ているイメージ」で行動してみましょう。背筋が伸び、座り方や歩き方も美しくなります。

また、他人の視線を浴びることが多い指先への意識も、美しい所作には欠かせません。物を取るときは、ＵＦＯキャッチャーのように鷲掴みするのではなく、できるだけ指を伸ばしてみましょう。書類の受け渡しをする際にも指をピンと伸ばすと、それだけで相手からの印象がアップするかもしれませんよ。

TIPS for LADIES

## 038 ／「外出しなければできない趣味」を、一つ作る

一人、自宅で過ごす休日は心が休まるものです。静かに読書をしたり、録画しておいたドラマを見たり、ネットサーフィンを楽しんだり。家から一歩も出ず、誰とも話さなくてもそれなりに充実した一日を過ごすことができます。でも……毎週末ずっと一人で家にこもっていたら、それはそれで寂しいのではないでしょうか。

休日は家に引きこもってばかりだという人は、ためしに一つ趣味を持ってみましょう。ただし、読書やスマホゲームなどではなく、「外出する必要があり、他人と接する趣味」がオススメです。ゴルフやヨガなどのレッスン、料理教室、茶道など何でも構いません。このような趣味は、職場の同僚からは得られない新たな刺激や出会い

をもたらしてくれることでしょう。

ただ、くれぐれも無理をしないでください。一人になることを恐れて「習い事マニア」になる必要はありません。習い事マニアになってしまうと、趣味だったはずのものが「義務」になり、逆にストレスが溜まってしまいます。

人と接する趣味は、まずは一つで充分。一人で過ごす休日を大切にする一方で、他人と触れ合う機会も楽しむ。そのバランスが大切なのです。

TIPS for LADIES

## 039 ／「緊急中毒」から脱出する

どんな人にでも平等に与えられているのが時間。1日24時間しかない貴重な時間をどう使うかで、人生は大きく変わってきます。

私が実践しているのが、世界的ベストセラー『7つの習慣』(スティーブン・R・コヴィー著)で紹介されている「時間マトリックス」。

左の図を見てください。このマトリックスは、日常のあらゆる事項を緊急度と重要度で四つの領域に切り分けたものです。まず、このマトリックスを参考にあなたの日常の行動を書き出してみてください。仕事もプライベートも関係なく、すべてです。こうすれば、自分がどのように時間を使っているのか一目瞭然ですよね。

「緊急中毒」とは、①と③のことばかりに力を注いでしまう人のこと。緊急性の高いものを優先させるのは当然ではありますが、③のように、「緊急だけれど重要ではないこと」に振り回されていないでしょうか？

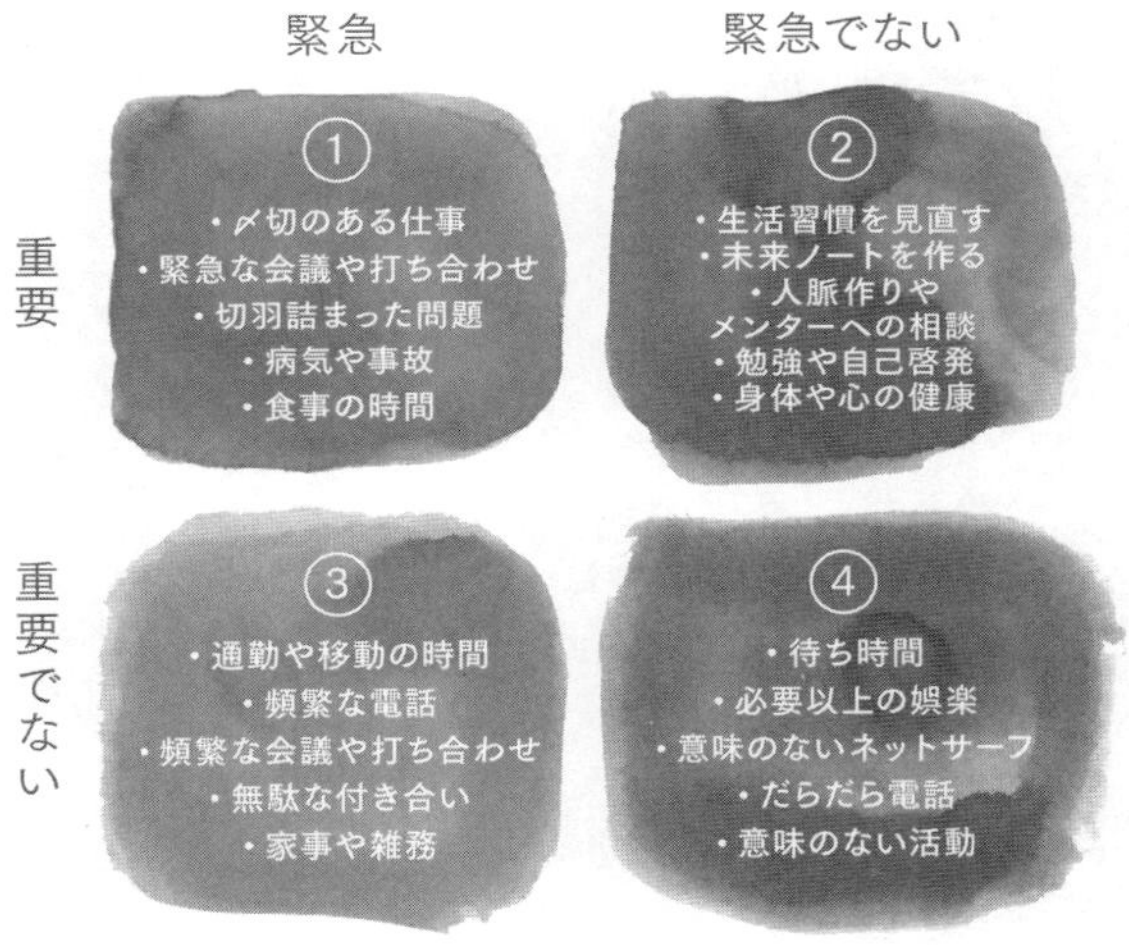

|  | 緊急 | 緊急でない |
|---|---|---|
| 重要 | ①<br>・〆切のある仕事<br>・緊急な会議や打ち合わせ<br>・切羽詰まった問題<br>・病気や事故<br>・食事の時間 | ②<br>・生活習慣を見直す<br>・未来ノートを作る<br>・人脈作りやメンターへの相談<br>・勉強や自己啓発<br>・身体や心の健康 |
| 重要でない | ③<br>・通勤や移動の時間<br>・頻繁な電話<br>・頻繁な会議や打ち合わせ<br>・無駄な付き合い<br>・家事や雑務 | ④<br>・待ち時間<br>・必要以上の娯楽<br>・意味のないネットサーフ<br>・だらだら電話<br>・意味のない活動 |

理想的なのは、①「緊急で重要なこと」を優先させながら、②「緊急ではないけれど重要なこと」のタスクを進めていくことです。人脈作りや転職の準備など、自分の人生にとって重要なのに「急ぎではないから」といつまでも後回しにしていると、歳月ばかりが過ぎていってしまいます。

毎月、この時間マトリックスをノートに書き込んでみてください。②の事柄を実行することで、将来に向かって重要なことを着実に進められます。さらに、①や③の事柄についても「本当に緊急性が高いものなのか」を見直すきっかけになるでしょう。

私は会社員時代からこのマトリックスを実践してきました。会社勤めをしながら起業できたのも、緊急中毒から脱出し、②の「緊急ではないけれど重要なこと」を意識して生活したからこそだと思っています。

TIPS for LADIES

## 040 ／「時間断捨離」をする

前項のマトリックスで、④「緊急でも重要でもないこと」の事柄が多かった人はいませんか？　息抜きは必要ですが、必要以上にダラダラするのは考えもの。連日の長電話、SNSチェックの無限ループ、テレビの前になんとなく座っている、なんてことはないでしょうか。部屋を片づけ、不用品を処分するように、不要な時間を断捨離できないか、今一度見直してみましょう。

また、スキマ時間を有効活用することも大切です。たとえば、私は日頃から次のことを実践しています。

・通勤時間
読書をしたくても、満員電車では本を広げづらいもの。
そのため、スマホにあらかじめ読みたいものをダウンロードしておきます。
片手でサクサク読めて快適!

・日中の移動時間
スマホで、ひたすらメールやＬＩＮＥの返信をしたり、
次のアポイントのための資料を読み直したりします。

・入浴時間
シャワーで済ませば時間を節約できますが、私は長風呂派。
ただ、何もせずに入浴時間を過ごすのはもったいないので、
お風呂テレビで、好きなドラマやニュース番組をチェック。

このように意識して生活すると、ちょっとした時間で驚くほど多くのことができるようになりますよ。

TIPS FOR LADIES

# CHAPTER.3

TIPS 041 - 045

# レディのコミュニケーション力の磨き方

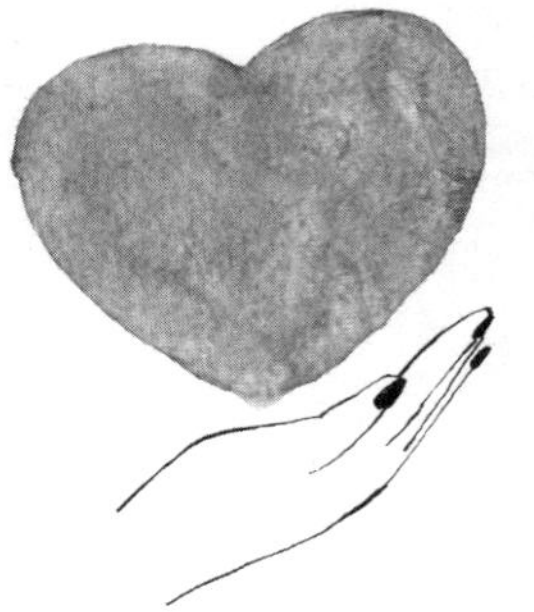

「コミュニケーション力」と聞くと、どんなものをイメージするでしょうか？　就職活動の面接で「私はコミュニケーション能力があります！」とアピールした記憶がある人もいるかもしれませんね。でも、コミュニケーション力があるかないかは、本人ではなく他人が判断するものです。

コミュニケーション能力は、知性、思いやりの姿勢、自制心、リスク管理能力などの「内面的な総合力」を試されるもの。上手なコミュニケーションの方法を知っているかいないかによって仕事や友人関係が上手くいくかどうかが変わってきます。

どんなに見た目が美しくても、コミュニケーション力のない女性はレディとは呼べません。人づき合いの方法を知り、周囲の女性より一歩先を行くコミュニケーションの達人を目指しましょう！

TIPS for LADIES

# 041 / 口にしたことは、すべて人の耳に入ると心得る

何の気なしにふと口にしたことが、良くない話となって相手の耳に入ってしまった、なんてことはありませんか？　悪気はないにせよ、噂話というのは尾ひれをつけて回ってしまうものです。仕方がないにせよ、ちょっとした一言が原因で頭を悩ませるのはもうやめにしたいところ。愚痴を言ってしまいそうになった時のレディの切り抜け方として、下記の5点を上げてみました。

愚痴大会になりそうなら、自ら話題を変える。

自分自身のイライラが止まらない場合は、鏡を見る。
鬼の形相になっているのに気がつくと、さっと怒りは引いていきます。

癒やしアイテムを握りしめる。
荒れた心はとっておきのアイテムでケアしましょう。

深呼吸をする。

その人の私生活や家族を思い浮かべてみる。

（自分の嫌いな人は誰かにとっての愛する人）

どんなに腹が立つ相手でも、あなたと同じように家族がいて、愛する人がいるものです。同じ人間だと意識し許すだけでも心が軽くなりますよ。

TIPS for LADIES

## 042 / 謝罪を先延ばしした分だけ、悪評は拡散される

残念なことに、悪いことは、あっという間に広まってしまうもの。これは、人間関係の大原則です。

仕事でもプライベートでも、相手の信頼を勝ち得るのは大変ですよね。でも、作り上げた信頼を失うのは一瞬。だからこそ、迷惑をかけたり、失言をしてしまったら、とにかくすぐに謝ること。放置している時間が長ければ長いほど、あなたの悪評は拡散されてしまいます。謝罪を怠れば、迷惑をかけた相手だけでなくその

周囲の人からの信頼もダウンする可能性があることを、肝に銘じておきましょう。

TIPS for LADIES
**043**

## 悪口には、思いっきり驚くことで同調しない！

同僚が先輩の悪口を言ってきた時、あなたはどんな反応をしていますか？

面倒なので、適当に相槌を打ってその場をやり過ごそうとする人もいるでしょう。

ですが、よほど親しい相手の前でない限り、これは危険です。

なぜなら、相槌を打っただけで、相手にとってはあなたも〝悪口同盟〟の一員になったも同じ。「〇〇さんも先輩の悪口を言っていた」などと、あらぬ噂を立てられかねません。たとえ、本当はあなたがその先輩を大好きだったとしても、です。

　だからと言って、相手の悪口に反論すると嫌われ、何の反応も示さないと、それはそれで「同意している」と誤解されるリスクもありますし、厄介な相手なら、「どうして、何も言わないの？　いい子ぶっちゃって」と不満を持たれる可能性さえあります。

そんな人への対処法は、悪口に思いっきり驚いてみせること。「ウソでしょ!? 全然知らなかった! 私はそうは思っていなかった」と、最後には同意していないことが分かる程度に意見を入れると角を立てずに自分の意思も示すことができます。

TIPS for LADIES

## 044 / 大切な人の秘密は、シラを切ってでも守り抜く

あなたが社内で一番親しい同僚のAさんから、同じ職場のBさんと付き合っていることを打ち明けられたとしましょう。「あなたにしか言えないから、絶対に内緒にしてね」と口止めもされています。そんな時、別の同僚Cさんが「知ってる? AさんってBさんと付き合ってるらしいよ」とあなたに言ってきたら、どうするでしょうか?

「なんだ、Aさんは私以外の人にも打ち明けてるんだ」と判断して、「そうそう、半年前からラブラブみたいだよ」などと盛り上がるでしょうか。だとしたら、少し読みが甘いかもしれません。

なぜなら、CさんはAさんから直接聞いていないにもかかわらず、どこかで噂を耳にして、Aさんと親しいあなたにカマをかけてきた可能性があるからです。そこに

引っかかってしまうと、あなたが秘密を暴露したことになり、Aさんの信頼を失ってしまいます。

ですので、その場では「え、そうなの？」と、驚いてシラを切りましょう。大切な人のことは、全力で守るべきです。

TIPS for LADIES
## 045 / 親友の悪い噂は、あえて本人に伝える

私は、たとえ悪い情報であっても正直に伝えてあげるのが親友というものだと思っています。たとえば、あなたの親友のDさんが、「元カレのEくんのことが忘れられずにストーカーまがいの行為をしている」という噂を耳にしたとしましょう。

このようなことをDさんに伝えるのは気が重いですよね。でも、あなたが取るべき行動は一つです。それは、聞かなかったフリをしてスルーすることでも、Dさんを責め立てることでもありません。「こんな噂を聞いたんだけど、本当なの？」とDさんに直接、事実を確認することです。

悪い噂の中には、事実とかけ離れていることも多いもの。Dさんの耳に入れることで「噂とはいえ、まだ未練があると思われているのかもしれないから、気をつけた方

がいいよ」と忠告してあげることもできます。それに、万一事実なら、親友としてDさんが破滅に向かわないよう対策を講じることもできるはずです。

TIPS for LADIES
## 046 / 真意を伝えたいなら、本人より第三者に！

「なぜ、本人ではなく第三者に？」と思ったでしょうか？　もちろん、本人に直接「○○さんは、仕事が的確で憧れます」と伝えてもかまいません。ただ、このような尊敬の気持ちを伝えるときは特に、相手によっては、「どうせお世辞だろう」と感じたり、最悪の場合は「これって媚び売り？」などと受け取られてしまうことも。

そこで、オススメなのが第三者に尊敬の気持ちを伝えること。たとえば、先輩のAさんを尊敬しているなら、同僚たちに「Aさんは、仕事には厳しくても思いやりがあるの。この前も私が大変な時に助けてくれて、本当にありがたかった」と、具体的に話しておきましょう。そうすれば、いずれ同僚の口からAさんに、あなたの真意が伝わります。

不思議なもので、面と向かって褒められるよりも、第三者から「○○さんが、あなたのことを褒めていたよ」と伝えられた方が、真実味が増すものなのです。

TIPS for LADIES

## 047 / 相手が好きなものに敬意を払う

人の好みは十人十色。自分の好きなものと他人の好きなものは違っていて当然です。だからこそ、自分が好きなものをけなされると、たいていの人は気分を害します。たとえば、「どうしてあんな彼氏を選んだの。何がいいのか全然分からない」とか「この間連れてきた友達の◯◯さん、性格悪いよね」などと言われたら、どう思うでしょうか。自分が大切にしている人への否定ほど、腹が立つことはありません。

また、趣味は人によって違うことが多く、アイドルの追っかけをしていたり、アニメ好きだったりと様々。本人にとっては、人生を捧げるほどかけがえのないものもあります。どんなに自分が同調できなくても、人にはいろんな考え方があるのだと、相手が好きなものを受け止めましょう。そう心得ておくだけで、知らず知らずのうちに相手を傷つけずに済むはずです。

TIPS for LADIES

## 048 / 気を許す友達にこそ、気遣いを

恋愛と一緒で、友人との関係もマンネリ化します。平気で待ち合わせに遅刻したり、

物の貸し借りにルーズになったりしていませんか？　友人は自分の誕生日を祝ってくれたのに、自分は友人の誕生日をうっかり忘れてしまっていた……などということも、緊張感がないからこそ起こること。これが積み重なると、友情にヒビが入ってしまうかもしれません。

長い付き合いの友人ほど、相手に失礼なことをしていないか、不快な思いをさせていないか、気を引き締めて考えてみてください。

TIPS for LADIES

## 049 ／ 待たせるのは最悪のコミュニケーション

仕事の納期や友人との待ち合わせなど、どんなシーンであっても、待たされていい気分がする人はいません。

ただ、様々な事情でどうしても遅れてしまうことはありますよね。大切なのは、その時の対応です。遅れると分かった時点ですぐに謝罪し、「どれくらい」「なぜ」遅れるのかを連絡しましょう。仕事の納期なら、遅れの度合いに応じて対策を講じることもできますし、待ち合わせなら、相手が来るまでの間にショッピングすることもできます。

最悪なのは、何の連絡もなく待たせること。あなたに悪気はなくても、相手は「どうしたんだろう」とヤキモキしながら待っているはずです。それに、相手の大切な時間を奪うことにもつながり、結果的に不信感を抱かれてしまいます。たとえ数分の遅れであっても、「分かった時点ですぐ連絡」を徹底しましょう。時間さえ分かれば、相手は空き時間で他のことができ、迷惑を最小限にくい止めることができるのです。

TIPS for LADIES

## 050 ⁄ 「知らない」は、恥ずかしいことじゃない

目上の人であれ、友達であれ、自分の知識がないことに対しては、素直に「知らない」と言う勇気を持ちましょう。

ただ、「知らない」だけで終わらずに「私、恥ずかしながらよく知らないんですが、教えてもらえますか？」と続けること。あなたが普段、知的な人であればあるほど、相手は「よし、教えてあげなきゃ！」と張り切るはずです。

「こんなことも知らないの？」とバカにされても、「すみません、勉強不足で」と下手に出つつ、あまり気にしないこと。「聞くは一時の恥、聞かぬは一生の恥」という言葉があるように、知ったかぶりをしていることがバレた時の恥ずかしさに比べたら、全然マシなはずです。

TIPS for LADIES

## 051 / 心地良い会話の割合は「3：7」

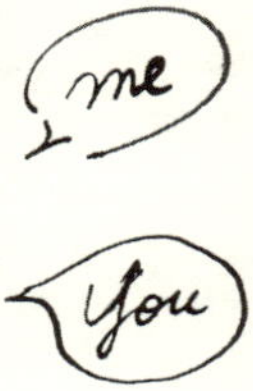


「この人と話していると心地良いな」と感じる人に共通するのは「安心感」です。聞き上手な人は、しっかりうなずいたり、こちらに質問を投げかけたり、「私の話をきちんと聞いてくれているな」という安心感を与えてくれるものです。

聞き上手な人を目指すなら、まず意識したいのが話す割合。半々ではなく、「自分が3、相手が7」を目標に。こうすると、相手には「話を聞いてもらえた」という満足感が残ります。

また、話の言い終わりまで待つのも大切。話の途中でついつい「それ、分かります！私にもこんな経験があって……」と横やりを入れてしまいがちですが、これでは「会話泥棒」になってしまいます。相手が話し終わるまでは、自分の話は控えるべきです。

TIPS for LADIES

## 052 / 会話のペース&相槌を使い分ける

コールセンターを持つある企業の方から、こんな話を聞いたことがあります。

「電話は表情が見えない分、お客様の会話のペースに合わせることを意識するのが大事。たとえば、良かれと思ってゆっくりしゃべっていると、焦っているお客様にはイライラされてしまうし、かといって矢継ぎ早に話すと、聞き苦しく感じるお客様もいる。相手のペースに応じてこちらもペースを上げたり下げたりする必要がある」

これは、日常の会話の中でも同じなのではないでしょうか。

相手にペースを合わせると同時に、相槌も会話のリズムによって使い分けてみましょう。相手が早口でマシンガントークに没頭している時や、楽しい話で盛り上がっている時は、こちらも楽しそうに細かい相槌を連発。一方、ゆっくりしゃべる相手や深刻な話の際には、深く大きな相槌を打ってみましょう。こうすることで、相手に心地良さや安心感を与えることができるのです。

Repeat after you!

TIPS for LADIES

## 053 / 繰り返しが心を開く

会話の最中に、相手の言葉をあえて復唱すると、「きちんと話を聞いていますよ」というサインを送り安心感を与えることができます。

たとえば、次のような具合です。

相手「昨日、すごく大事なプレゼンがあって久々にX社に行ったら、驚くことにNさんがいたんだよ」
あなた「へぇ！　Nさんに会ったんですか」
「へえ、そうなんですか」とか「それはビックリですね」などでも会話は通じますが、相手が一番伝えたいであろう部分をあえて繰り返すのです。とはいえ、相手が言葉を発するたびに「○○は○○なんですね」と復唱しているとオウム返しのように聞こえてしまうので、ところどころに留めておくのがベターです。

TIPS for LADIES

## 054 / アピール力のカギは通販番組にアリ

通販番組の司会者を注意深く見ていると、ある共通点に気づきます。それは、言葉だけではなく身振り手振りを交え、全身で情報を発信していること。こうすることで、より商品の魅力が伝わりやすくなるからです。

通販番組並みに大きなリアクションで……とは言いませんが、日常の会話でも、ぜひ表情や身振り手振りに気を配ってみてください。特に、仕事のプレゼンでは身振り手振りがあるかないかで、相手に訴えかける力が格段に違ってきます。

TIPS for LADIES

## 055 / 相手の微妙なサインを見逃さない

会話の途中に、相手が見せる小さな仕草をキャッチしましょう。前のめりになっているなら、会話に夢中になっている証拠。逆に、意味もなく背もたれに寄りかかり始めたら「会話に飽きた」というサインかもしれません。脚を動かしたり組み替えたりしているのが見えたら、会話に集中できずにソワソワしている可能性が。サインに気づくことで、臨機応変に話の内容を変えたり、相手に話を振ってみたりして、軌道修正を図ることができるのです。

TIPS for LADIES

## 056 / 第一声は、必ず名前から

日本語には「すみません」という万能な言葉があります。そのため、「すみません、〇〇してもらえますか？」と、相手の名前を呼ばなくても会話が成立するわけですが、これでは少し味気ない気がしませんか。

私は、誰と話す時でも「〇〇さん、お疲れ様です」とか「△△さん、この部分を教えてもらえる？」というように、必ず名前から呼びかけるように心がけています。こ

うすることで、相手の心がほぐれ、話しやすい雰囲気を作れますし、親近感も抱いてもらえると思うからです。

特にオフィスでは、目上の人に対して「すみません、書類に確認をお願いします」などと「すみません」で済ませがち。皆がそうだからこそ、「○○部長」「□□さん」と、名前を呼ぶようにすれば、相手を尊重していることが伝わりますよ！

TIPS for LADIES

## 057 / 返事は最低2単語以上で！

「はい」「大丈夫」「分かった」など、一単語だけで返事をすると、相手にぶっきらぼうな印象を与えてしまいます。丁寧な雰囲気にするなら、相手の目を見て「はい、承知しました」「いえ、そこは違います」「大丈夫だよ、ありがとう」など、最低2単語以上で返すこと。特に、オフィスでの返事には気をつけたいものです。

TIPS for LADIES

## 058 / ネガティブワードをポジティブワードに変換

私は、化粧品会社のビューティーアドバイザーさんと接する機会が多いのですが、

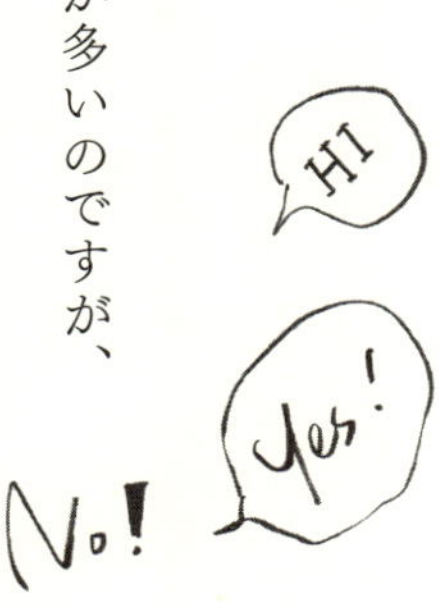

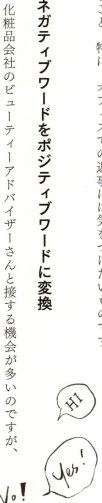

そのたびに感心させられるのが彼女たちの言葉遣いです。接客のプロである彼女たちは、「お客様に不快感を与えない言葉遣い」を徹底的に叩き込まれているからです。

たとえば、「その服、派手だね」と言われたら、あなたはどう感じますか？　相手に悪気はなかったとしても、ちょっとムッとしてしまうかもしれませんね。「派手」という言葉には、褒め言葉というよりも、どちらかというと「ケバい」というマイナスのニュアンスが漂います。ですが、「その服、華やかだね」と言われれば、悪い気はしないはずです。

このように、ネガティブワードをポジティブワードに変換すれば、会話の印象がガラリと変わります。例を挙げますので、日常生活の中で注意してみてください。

- 若作り↓若々しい、可愛らしい
- チープ↓お買い得
- 世渡り上手↓コミュニケーション能力が高い
- 地味↓落ち着いている
- 無難↓オーソドックス
- ちゃっかり者↓器用

TIPS for LADIES
059
## 言葉＆文字、感謝の気持ちはダブルで伝える

上司にご馳走してもらった時、友達からプレゼントをもらった時など、何か嬉しいことをしてもらったら、お礼をダブルで伝えましょう。

まず、その場で言葉でお礼を言います。そして翌日、メールでもう一度お礼を伝えるのです。こうして聴覚と視覚にダブルで訴えることで、相手の記憶にも残りやすくなりますし、何よりも感謝の気持ちがより強く伝わります。

TIPS for LADIES
## 060／言いづらいことほど、口に出す

断る時、謝る時、怒る時など、言いづらいことはついメールやＬＩＮＥで済ませたくなってしまいますよね。

でも、言葉よりも文字の方が相手に与える印象は重く、心に残りやすくなります。それが、ネガティブな内容であればなおさらのこと。文字にすることで、必要以上に冷たい雰囲気になってしまったり、ニュアンスが正しく伝わらずに誤解を招いてしまうかもしれません。

言いづらいことほど、直接もしくは電話して、口に出して伝える習慣をつけましょう。特に、大事な謝罪をメールやＬＩＮＥで済ませるのは、相手に対して失礼です。

きちんと会ってお詫びの気持ちを伝えるのはもちろん、手書きの手紙も送り、誠意を届けることが大切です。

TIPS for LADIES
# 061 / いつもより0・5歩、相手に近づこう

距離を縮めたい相手には、会話をする際、0・5歩だけ近づいてみましょう。なぜ、「0・5歩」なのか。それは、1歩だと近づきすぎて、相手が心理的に圧迫感を覚えることがあるからです。

「パーソナルスペース」といって、動物の縄張りと同じように、人間は心理的テリトリーを持っています。パーソナルスペースは相手によって変化し、親密な相手ほどスペースは狭くなり、心を許していない相手や嫌いな相手には広くなるもの。アメリカの文化人類学者、エドワード・ホールは、相手との関係と距離感を以下の4つに分類しています。

A、密接距離　0～45㎝
恋人や家族などごく親しい人に許される距離
B、個体距離　45～120㎝
友人など気心の知れた人に許される距離
C、社会距離　120～350㎝
他人同士が会話できる距離。商談や会議などで用いられる
D、公衆距離　350㎝以上
大衆の距離。講演会など、一対一ではない関係の距離

知人レベルから友人レベルになりたいなら、CからBへ距離を縮めましょう。いきなりAを目指してはいけません。人によっては、身構えられたり、警戒される恐れがあります。ジワジワと距離を縮めるには、0・5歩が最適なのです。

TIPS for LADIES

## 062 ／「感動のおすそ分け」をする

残業中に先輩が買ってくれた栄養ドリンク、友達から送られてきた誕生日カードな

ど、ちょっとした親切に心が温かくなることはありますよね。人にやってもらって嬉しかったことや感動したことがあれば、相手に対して同じことを返してみましょう。

また、それ以外の人にも、同じことを実践してみてください。身構えずに「感動のおすそ分け」をするつもりで、マネすれば良いのです。これを積み重ねることで、いつの間にか「気が利く人」になれるはずです。

TIPS for LADIES
## 063 / 「1000円で買える好感度」を実践

「好感度を買う」と言うと違和感を覚えるかもしれませんが、実際にちょっとしたものでも、気持ちを伝えられることもあります。

たとえば、ミーティングが長引いていたり、残業でみんなが疲れていそうな時は、コンビニで100円コーヒーを10個買い、職場で差し入れをしてみましょう。「コンビニへ行ってきたので、ちょっとブレイクしませんか」と言いながら、あくまでもさりげなく、です。

職場だけでなく、友達にもちょっとしたプレゼントをしてみましょう。たとえば、ゴルフで車に便乗されてもらうときに、片手で食べられる菓子パンやサンドイッチを

Thank you … Thank you…

Thank you

買ってお礼を兼ねて渡してみてはどうでしょうか。
見栄を張って大盤振る舞いする必要はありません。そんなことをしていては、財布がピンチになってしまいます。ワンコイン、高くとも1000円以内でできることをたまに実践するだけで、相手を思いやる瞬発力が身につき好感度がアップするのです。

TIPS for LADIES 064

## お礼は小さくする

「半返し」という言葉を知っていますか？ 結婚式のご祝儀をもらった際などに、いただいた金品の半額程度の物をお返しとして贈ることです。例えば、ここで、全額をお返ししてしまうと、相手の「お祝いをしたい」というせっかくの気持ちを踏みにじってしまうことになります。そのため、お礼はあえて小さくすることが相手の気持ちを尊重することにもなるのです。
また、目に見える形で何かもらった時にお返しするのは当たり前ですが、金品でなくても相手に何か手間をかけた時や親切にしてもらった時には、ちょっとしたお礼を贈りましょう。たとえば、コンサートのチケットを予約してもらった、取引先を紹介してもらった時などです。

ここでも、お礼をする際に気をつけたいのが、高すぎるものをあげないこと。相手はあくまでも善意からの行動なので、高価な物でお礼されると「そんなつもりじゃなかったのに」と、恐縮してしまいます。小さいもの、安いものでもいいので、相手が喜ぶものを事前に調べてお礼の品を選びましょう。

もし、事前に分からなかった場合は、1000円~3000円ぐらいで日持ちするお菓子やお茶などが無難。花束や観葉植物は、お祝い時には欠かせませんが、それ以外では、迷惑になる可能性もあるので避けておいたほうが賢明です。

TIPS for LADIES

## 065 / 苦手な人には、あえて近寄ってみる

会社員時代、職場の先輩でとても厳しくて怖いイメージの女性がいました。正直、苦手意識があったのですが、ふとしたことがきっかけで彼女の要望に積極的に応えたりしているうちに、実は責任感が強く優しい人なのだと気づかされた経験があります。きっと、彼女の厳しさは、後輩を育てようとする温かい心から来るものだったのでしょう。

相手の本質を知らずに、イメージだけで「あの人は苦手」と切り捨てるのは、早計かもしれません。苦手意識がある相手ほど、こちらから心を開き歩み寄ってみてくだ

さい。意外な一面が見える可能性があります。歩み寄ってみても、どうしても苦手意識が消えないようであれば、その時に距離を置けばいいだけの話です。

TIPS for LADIES
066

## 「メリットのない相手」にこそ、親切に

ある撮影現場で、有名な美容家の方にお会いした時のこと。まず彼女は、顔を合わせるなり「はじめまして」と、自らにこやかに挨拶をしてきてくれました。私の方がずっと年下でキャリアが浅いにもかかわらず、です。その後も、「今度、ランチに行きましょうね」などと声をかけて緊張をほぐしてくれるなど、何かと気を配ってくださいました。

また別の有名美容家の方に、ある食事会でお会いした際には、こんなこともありました。「小西さんは○○さんとお知り合いよね？」と、席順を変えてくれたのです。私が一人ポツンとしてしまわないように配慮してくださったのでしょう。

彼女たちほどの有名人なら、若輩者の私に親切にしたところで、あまりメリットはないかもしれません。それなのに、分け隔てなく親切にしてくださる心の余裕に、レディの本質を見た気がしたのです。彼女たちがここまで上りつめたのは、そのような品性を持ち合わせているからこそだったのではないかと思わずにはいられませんでした。

一方、どんな場でも偉い人にすり寄ってばかりで、新入りや年少者には冷たい態度を取る人もいます。たとえ、権力者に気に入られることができても、多くの人から「品性に欠ける人」というレッテルを貼られてしまうのではないでしょうか。

TIPS for LADIES

## 067 ／ 相手の興味に時間を割く

あなたは、同性、異性にかかわらず「この人と仲良くなりたい」と思う人とどのように距離を縮めますか？　「今度、一緒にご飯に行きましょう」とストレートに誘うのも悪くありません。ただ、相手がそれほど自分に興味を持っていない段階だと、相手にとっては一対一の食事が負担に感じるかもしれませんし、自分が相手の時間を拘束することにもつながります。

そのため、最初は出来るだけ相手に負担をかけない誘い方がベター。相手が興味を持っていることを聞き出して、そこに便乗させてもらうのです。たとえば、ゴルフが趣味なら「レッスンに行く時にご一緒させてください」と声をかけたり、山登りサークルに入っているなら「今度、私も参加させてください」と頼んだり。

「自分のために相手の時間を使わせる」のではなく、「相手が好きなことに自分が時間を割く」と考えましょう。

TIPS for LADIES

## 068 / 誘う時は、断る余地を必ず残す

これは特に、職場の後輩や、まだそれほど親しい関係ではない知人に気を遣わせないためにやってほしいことです。たとえば私は、部下をランチに誘う時、「お昼一緒に行かない？」の後、「もし、仕事のキリがよければ」と、断れる余地をつけ加えるようにしています。部下が本当はランチタイムぐらい一人で過ごしたいと思っていても、経営者である私に誘われたら断りづらくなるかもしれないからです。

職場以外でも、「これからは月に1回女子会するから、絶対参加で！」などとノルマにしてしまうと、負担に感じる人もいるかもしれません。それほど親しくない相手を誘う場合は、「もし予定が合えばぜひ」とか「後日、予定が入ってしまいましたら遠慮なくご連絡ください」などと、相手を気遣う言葉を忘れないようにしましょう。

TIPS for LADIES

## 069 / 誘いを断るなら、自分から別の候補日を

友人からの誘いを断る時、「申し訳ない」という気持ちを表すのは大切ですが、神妙になりすぎるとかえって相手が恐縮して、次に声をかけづらいと思うこともあるかもしれません。行けなくて本当に残念だと思うなら、以下のように返してみましょう。

「誘ってくれてありがとう！　本当に残念なんだけど、その日は予定が入っちゃっていて……。もしよかったら、○月○日はどうかな？」

大切なのは、必ず自分から代替案を提示すること。自分が断ったにもかかわらず「また誘ってね！」では、相手は「もしかして社交辞令？」と思ってしまうかも。具体的な日程を提案して、本当に会う気があることをアピールしましょう。

TIPS for LADIES

## 070 / 幹事に愛される飲み会参加の法則

合コンや女子会、パーティなどの飲み会は、参加・不参加の連絡一つに人間性が表れるもの。幹事の経験がある人

なら、きっと実感を持っていることでしょう。私も読者モデル時代に飲み会の幹事を何度もやりましたが、あまりにもいい加減な態度を取られると怒るのを通り越して悲しくなってしまうこともありました。

飲み会の誘いを受けたら、「自分が幹事だったらどう思うか」を想像して行動しましょう。具体的には、次の点が守るべき鉄則ポイントです。

### ●遅くとも、返事は誘いを受けた翌日までに

参加者は自分の参加・不参加を連絡すれば済みますが、幹事には全員の出欠を確認した後に、人数を取りまとめ、料理を手配し、会費を調整するという大仕事が待っていることを忘れずに。

### ●「行けたら行く」は、絶対にNG

幹事にとっては、「行けたら行く」ほど失礼な返事はありません。

もし、予定が流動的なら

「いつになれば予定が分かるか」を連絡し、

それまで待ってもらえるかどうかを確認しましょう。

当日まで出欠を決めなくても許されるのは、「当日来られるなら参加して」と幹事が言ってくれた場合だけです。

## ●飲み会後に予定があるなら、先に申し出ておく

飲み会の場で、「実はこの後予定があって……」と切り出すと、「つまらないから帰るのかな」と誤解されます。飲み会後に予定が入っている場合は、事前に幹事に伝えておきましょう。

## ●ドタキャンしたら事後フォローは必須

当日、やむを得ずドタキャンする場合は、分かった時点ですみやかに連絡するべきです。その際、まず必要なのは言い訳ではなく謝罪。ひとしきり謝った後に、事情を説明しましょう。さらに翌日、フォローの連絡をするのも忘れずに。それだけで、誠意は伝わります。

## ●食べ物のリクエストがあるなら、自ら店選びを買って出る

ベジタリアン、ビーガンなど食へのリクエストがあるなら、自ら店の予約を買って出ましょう。幹事任せにしておいて、「この店には私が食べられるものがない」と文句をつけるのは失礼です。

また、子連れなどの事情がある場合も同様です。「子連れだから個室にして」「お子様メニューのある店がいい」などの希望がある場合は、せめて自分でお店の提案をするようにしましょう。

**● 自分よりも、参加者の集まりやすさを優先**

自分の帰りやすい駅を指定するなど自分が都合のいい場所を幹事にお願いするのは失礼ですよね。

皆の集まりやすさよりもあなたの都合を優先するかどうかを判断するのは、あくまでも幹事です。

TIPS for LADIES 071

## 憧れの人が誘ってくれた飲み会には、必ず足を運ぶ

「類は友を呼ぶ」というのは本当で、尊敬する人や憧れの人が呼んでくれた会には、たいてい素敵な人が集まっているものです。そこから新たな出会いが生まれる可能性

も大。憧れの人に誘われたら、仕事が忙しくても予定をやりくりして、ぜひ参加しましょう。

TIPS for LADIES
072

## 初対面で相手の名前を覚える2つのコツ

仕事柄、毎日多くの人に会う私ですが、実は名前を覚えるのがとっても苦手です。交流会などで、数人の人と一気に名刺交換をすると、顔と名前が一致しなくなってしまう……なんてことも。

そのため、名刺交換をしたら、その場で必ずやることが二つあります。一つは、「○○さんですね。よろしくお願い致します」や「○○さんという読み方は珍しいですね」とか「○○さんの部署では、どんな業務をやっているんですか?」などと、しつこくない程度に相手の名前を3回目標で呼び、頭の中で定着させること。

そして、もう一つは、同級生や親しい友人などで同じ苗字の人をイメージすることです。たとえば、名刺交換の相手が「坂本裕子さん」であれば、「同級生の坂本智美ちゃんと一緒」など、智美ちゃんの顔をイメージすることで、映像と言葉を一緒に覚え、相手の苗字を記憶に残すことができるのです。

TIPS for LADIES

# 073 / 相手との距離を縮める「名刺メモ」

名刺を交換したら、誰と何を話したのかを覚えておくため、その日のうちに名刺の裏にお会いした年月と話した内容をメモしておきましょう。細々と書きこむ必要はありません。「２０１６．０７、年同じ、テニス、京都」などと単語を並べておくだけで「２０１６年７月にお会いした方で、同い年でテニスが趣味、出身は京都」と思い出すことができます。

そして、次に会う際には、名刺を見返して話した内容を復習します。「たしか○○さんは、テニスがお好きなんですよね」と話せば、相手は「私の話を覚えていてくれた！」と嬉しくなることでしょう。

何気ない雑談の話を持ち出すからこそ、「自分に興味を持ってくれている」という相手の感動は高まり、一気に距離が縮まります。これは、仕事でもプライベートでも使えるテクニックなので、ぜひ試してみてください。

TIPS for LADIES

## 074 鏡の法則「自分の緊張＝相手の緊張」

初対面の相手と話す時は、誰しも緊張するものです。「自分を少しでも立派に見せよう」とすればするほど緊張してきてしまいます。また、相手のことをよく知らない分、「もしかして変な人って思われたかな」などと、相手の反応がいちいち気になってしまう人もいることでしょう。

でも、初対面の相手に対して必要以上に心を読もうとしても、あまり意味がありません。なぜなら、たいていの場合、相手もあなた同様に緊張しているのだから、自分のことで精いっぱい。あなたが思っているほどこちらのことを気にしていないものなのです。

「私が緊張しているってことは、相手も緊張しているんだな」と考えれば、冷静さを取り戻せますし、心に余裕が生まれることでしょう。

TIPS for LADIES

## 075 質問は、「自分が聞かれても困らないトピック」に限る

知り合ってからまだ日が浅い人に、あれこれと矢継ぎ早に質問されて戸惑った経験

はありませんか？　特に私が困惑してしまうのが、こちらには「結婚してるの？」「年収は？」「大学は？」などとプライベートなことを聞いてくるのに、「あなたは？」と聞き返したら、なぜか「ちょっとね」などとはぐらかす人です。

自分が言いたくないことを他人に聞くのはルール違反。相手に質問する時は、自分が聞き返されても困らないことだけにするのが大原則です。

また、知り合ったばかりなのにプライベートに踏み込む質問をする人には、露骨に話題を変えてもOK。もし話題を変えても気づいてもらえないようなら、「ごめんなさい、ちょっと急ぐので……」とか「お手洗いに行ってきます」などとその場を離れるのが賢明です。時には、潔い態度で嫌がっていることを伝えてあげるのも、優しさですよ。

TIPS for LADIES

## 076 ／「紹介される力」を高める

第三者を紹介してもらえる機会が多い人ほど、どんどん人脈を広げることができ、多くのチャンスが訪れます。「紹介される力」を高めるには、信頼関係の構築と細やかな気遣いが欠かせません。分かってはいるけど、ふとした時に忘れてしまいがちな以下のことに気を配ってください。

**●紹介してもらったら、すぐに連絡する**

早ければ早いほど、どちらに対しても好印象ですし、その次の展開へ進みやすいようです。せっかく時間を割いて教えてもらったのに何日も放置しては、失礼にあたるので、気をつけましょう。

**●コンタクトが取れたら、お礼の連絡をする**

紹介者は、「無事に連絡が取れたかな」と気にしているかもしれません。忙しかったとしても、たった一文でも「○○さんに連絡が取れました。ありがとうございます」というお礼の連絡を忘れないこと。

**●紹介する側はリスクを払っていることを忘れない**

もし、あなたが紹介された方に失礼なことをしたら、あなただけでなくつなげてくれた方の信用まで落とすことになります。

言いかえれば、Aさんはあなたに B さんを紹介することで、

「信用を失うかもしれない」というリスクを払っていることになるのです。Bさんと接する時は、「Aさんの信用を自分が背負っている」と肝に銘じておきましょう。大切な方の信頼を守ってこそ、つながるご縁があることを忘れないでくださいね。

TIPS for LADIES 077

## 見返りを求めない「ギブ・アンド・ギブ」の精神が品性を作る

「自分がやってあげたのだから、相手も同じことを返してくれるはず」と期待していると、その通りにならなかった時にガッカリしてしまいます。それでも、人に親切にしたら何か見返りを求めたくなるのが人情というもの。ですので「見返りは同じ形で返ってくるとは限らない」と考えるようにしましょう。

たとえば、あなたが友人の誕生日会を開いてあげたのに、彼女があなたの誕生日を祝ってくれなかったらショックですよね。「こんなことなら、わざわざ誕生日会をやってあげるんじゃなかった」などと損した気分になってしまうかもしれません。

でも、それは違います。なぜなら、別の友人からあなたは「誕生日会を開いてあげていた優しい人」という評価を受けているかもしれないからです。それは、結果的にあなたにとって大きな見返りと言えるのではないでしょうか。

ギブ・アンド・テイクのテイク（見返り）を求めずに、与え続ける。その姿勢が、心の余裕や品性を感じさせるのです。そして、実は、その方が、回り回っていいことがあるのです。

TIPS for LADIES

## 078 / SNSの「渾身の一打」を見逃さない

不思議なもので、SNSというのはあまり発信していない人ほど、他人の更新をマメにチェックしているものです。逆に、頻繁に更新する人は他人がアップする情報に関心を寄せていないことが多いのではないでしょうか。

たとえば、私はかなり発信回数が多いです。その分、他人の更新チェックはおろそかになりがちなので、「相手は私の情報を見てくれているのに、私は相手のことをよく知らない」というシチュエーションに陥ることがたまにあります。

一方、発信回数が少ない人にとっては、数少ない更新の一つ一つが「渾身の一打」だったりします。その一打を役立てない手はありません。

会う予定が決まっているなら、事前に相手のSNSを集中的にチェックするのです。

会話の中で「お菓子作りが得意なんですね」などと、相手がアップしていた情報をもとに話を切り出すと、相手は「見てくれているんだ」と嬉しい気持ちになることでしょう。プレゼントを選ぶ際にも、ＳＮＳで趣味嗜好を把握するのがオススメです。

TIPS for LADIES

## 079 / 今すぐストップ！ SNSのかまってちゃん

多くの人が見るＳＮＳに、長々と愚痴を書き込むのはやめましょう。愚痴ばかりの書き込みは、見ている方も疲れてしまいます。

また、たまになら友人が心配のコメントを寄せてくれるかもしれませんが、連日のように愚痴をアップしていたら「またなの？」「もしや、かまってほしいだけ？」と呆れられる可能性も。また、誰が見ているかわからないので、検索されてもいい情報だけしか書き込まないようにしましょう。

TIPS for LADIES

## 080 / LINEの基本ルールをマスターする

ＬＩＮＥは手軽な分、メールにはないトラブルが起こりがち。悪気はなくても、ちょっとしたことが相手を不快にさせてしまうかもしれません。
以下は、ＬＩＮＥを使う上での基本事項です。

### ● スタンプ手裏剣はＮＧ！

やたらとスタンプを連打しすぎていませんか？
スタンプは便利ですが、意味もなくダラダラと
送られると迷惑だと感じる人もいます。
相手がスタンプを使うペースを観察してみましょう。

### ● 既読スルーに追い打ちをかけない

読んだがどうかがすぐに分かるのが
ＬＩＮＥの利点ではありますが、
誰もがすぐに返信できるとは限りません。
「既読」の表示がついたからと言って、
矢継ぎ早に返事を催促するのはやめましょう。
とりあえず読んではいるものの、

相手は仕事中で返信ができなかったり、
どう返事するか考えている場合もあります。
そのような状況の時に、
「読んでるでしょ。返事まだ？」と追い打ちをかけられると
イライラする人もいるかもしれません。
本当に緊急の用事なら、メッセージではなく電話をかけましょう。

## ●グループでの個人会話はご法度

何人かのグループで個人的な会話を繰り広げるのは、
他のメンバーに迷惑です。個人的なトークは、グループを使わず当人同士で。

## ●グループは、マメに編成する

たとえば、友人5人のグループで旅行する計画を立てたものの、
一人が参加できなくなったとします。それなのに、
同じグループで旅行の計画をあれこれ相談し続けるのは、
参加できない人にとっては苦痛でしかありません。行けるメンバー

4人だけで新たにグループを編成して、旅行の話はそちらでするべきです。

## ● 文字だけで怒らない

怒りというのは、会話では相手の表情を見ながら話すのでしずまりやすいもの。LINEでは文字だけなので感情を読み取れず、相手が想像以上に重く受け止める可能性があります。文字のみのコミュニケーションでは、同じ言葉でも相手と自分では重みのギャップが発生しやすいのです。

TIPS FOR LADIES

# CHAPTER.4

TIPS 81-113

# レディの仕事の進め方

---

言うまでもないことですが、私たちが仕事に費やしている時間は膨大です。１日８時間労働の人なら人生の３分の１を職場で過ごす計算になりますし、残業や休日出勤があれば人生の半分を仕事に費やす人もいるでしょう。

自他ともに認めるキャリア女子や、仕事で実現したい夢がある人はもちろんですが、「仕事は生活のため」と割り切っている人であっても、生活していく上では、仕事から逃れることはできませんよね。だからこそ、気持ち良く、賢く、効率良く仕事を進めたいものです。

しかも、入社して数年経てば「先輩」と呼ばれる立場になり、後輩を指導することも重大な任務になってきます。会社員である以上、「自分のことだけやっていればいい」という態度は許されません。あなたのお給料が新入社員よりも高いのは、「後輩の指導」への対価も含んでいるからです。

仕事には、自分のことを的確に進めると同時に、周囲への配慮も必要とされます。この章では、私が企業の一社員だった頃の経験だけでなく、経営者という立場になったからこそ気づけたこともまとめました。上司や同僚、後輩、取引先から愛される仕事のやり方を覚えましょう。

TIPS for LADIES

## 081 / 雑用を与えられた時は、試されている時

どんな仕事にも意味があります。一見退屈だと思える仕事や雑用を与えられても、嫌な顔をせずに引き受けましょう。もし、転職したばかりで、今の職場の様子がまだつかめていないならなおさらです。

「早く華やかな仕事がしたい」「もっと大きな仕事を任せてもらいたい」と焦る気持ちもあるかもしれません。ですが、上司からすると、雑用をきちんとこなせない人に、重要な任務は任せられないのです。雑用を与えられた時は、「自分は試されている」と考えて、黙々と取り組むようにしましょう。

TIPS for LADIES

## 082 / 具体的な手伝いを申し出る

職場において気が利く人とは、周囲が必要としていることを先回りして考えられる人のこと。手が空いているなら、指示を待っているのではなく自分から手伝いを申し出てみましょう。その際、「何かお手伝いしましょうか」でも悪くありませんが、相手が何を求めているのかを観察し「この書類、コピーしてきましょうか?」などと、具

体的に申し出る方がより親切です。相手にとっては、その方が頼みやすいですし、手伝いの内容を指示する手間も省けます。また、「きちんと周囲を見てくれているな」と、あなたへの評価も高まるはずです。

TIPS for LADIES

## 083 / 集中力が出ないなら、ルーティンワークに徹する

あなたは朝と夜、どちらが仕事に集中できるタイプでしょうか？

集中できる時間帯は人によって違うので、まず自分の「集中タイム」を知り、ややこしい仕事はその時間に一気に片づけてしまいましょう。

逆に、集中できない時間帯に無理して頭を働かそうとしても、いいアイディアは浮かばないものです。そんな時は割り切って、書類整理や郵便物の発送、単純な入力作業など手元だけを動かせばできるルーティンワークに徹するのがオススメです。

TIPS for LADIES

## 084 / 当たり前の作業に差をつける、気遣いポイント

ルーティンワークや何気ない作業にも、気が利く人とそうでない人の差が表れます。

TIPS for LADIES 085 / 潔く休む勇気も必要なことと考える

たとえば、不在中の上司の席に書類を置く際、あなたはどうしていますか？「そのまま置く」なら、普通の人の行動です。たしかに、ただ置いておくだけでもあなたの仕事は完結しますよね。ただ、上司はその書類をどうしてほしいか分からないかもしれません。

このような時、気が利く人なら、書類に付箋をつけ「A社との取引書類です。明日までにご確認の上、印鑑をお願いします」などと連絡事項を記します。さらに、上司が席に戻ったら、ひと声かけておけば書類紛失のリスクも防げます。他にも、取引先に物品を送付する際は、壊れものでなくても丁寧に梱包し、一筆箋に日頃のお礼を書き添えてみましょう。そのためにも、一筆箋やレターセットをデスクに常備しておきたいものです。

また、商品サンプルなど先方からお借りしたものであれば、返送期限が迫っていなくても、使い終わり次第すぐに返すと大変喜ばれます。「自分が相手だったら、どうしてほしいか」を考えることが、気遣いの達人への第一歩なのです。

仕事に情熱を捧げることは、素晴らしいこと。ただ、体調が最悪なのに這うようにして出社するのは考えもの。チャプター1でもお話したとおり、いくら仕事ができるあなたでも、一人の人間。完璧にこなせるサイボーグではないのです。

「私が休むと職場が回らないから」という人がいますが、たいていの場合、誰かがフォローに回り、多少の混乱はあっても、そのうち何とかなるものなのです。

無理をしすぎて倒れたり、心の病になって長期休養することになっては元も子もありませんよね。今までよりほんの少しでも、自分に優しくしてあげましょう。それに、重度の風邪なのに出社するのは、職場にとって逆に迷惑になってしまうことも。同僚にうつさないためにも、潔く休みましょう。

TIPS for LADIES

## 086 / 「まずは拝受のご連絡」を徹底する

私の周囲の「仕事ができる人」に共通するのは、とにかくメールの返信が早いこと。たとえ膨大な資料を添付していても、「資料、拝受しました。これから確認します」という一言が、瞬時に送られてきます。
「資料の内容を確認してから連絡しよう」では、確認が終わるまでの間、「ちゃんとメー

ル届いているのかな」と相手に気を揉ませてしまいます。
まずは、メールを受け取った旨だけをすぐに返信し、きちんと内容を確かめてからあらためて連絡すれば良いのです。

TIPS for LADIES

## 087 / 賢ぶってカタカナ用語を使うのは逆効果

ビジネスシーンで、やたらとカタカナ用語や難しい言葉を使いたがる人、あなたのまわりにいませんか？

「このバジェットじゃ、上司のコンセンサスは得られないし、エスカレさえできませんよ。オルタナティブを出してもらわないと。それともスキームからドラスティックに見直すべきですかね」

こんな風に得意気に言われても、意図をしっかり把握できない人もでてきてしまいます。

「この予算では、上司の合意は得られないし、報告するのさえ難しいです。代替案を出していただけませんか。それとも枠組みから徹底的に見直すべきでしょうか」

意味が通じるのであればカタカナ用語を無理に使う必要はありませんし、美しい日

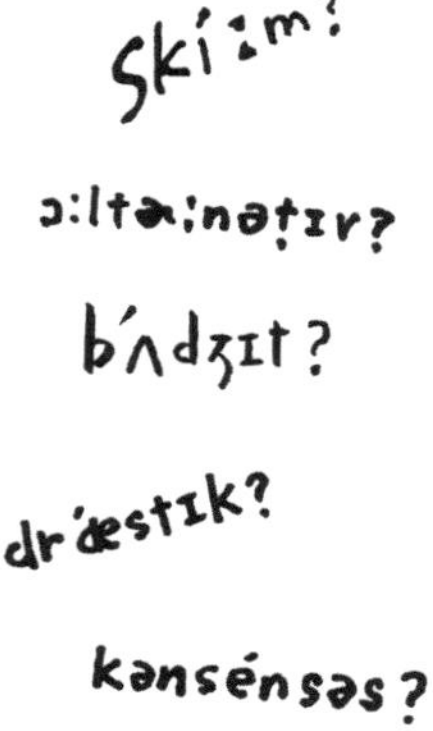

本語のほうがよっぽど魅力的に映りますよね。

自分を賢く見せようとして、難しい言葉を使うのはNG。どんな相手にも伝わるように思いやりを持つことは大変ですが、想像以上に重要なことです。本当に仕事ができるレディとは、どんなシーンであっても相手を思いやり、分かりやすく物事を伝えられる人なのです。

TIPS for LADIES

## 088 / 上司からの無理な依頼には、代替案で対応

気が利く人、優しい人ほど上司や先輩から大量の仕事を頼まれることが多いですよね。でも、何でもかんでも黙って引き受ければいいというものでもありません。オーバーワークになって期日に間に合わなければ、かえって迷惑をかけてしまいます。頼んだ側としても、「難しいなら、どうして引き受ける時に言わなかったの？」と思うことでしょう。

仕事を引き受ける前には、よく考え「期日までにできるか、できないか」を判断しましょう。その場で瞬時に判断できないなら、「できるかできないか、スケジュールを確認したいので5分ください」などと猶予をもらうようにします。ただ、判断時間

はできるだけ短くしてください。

考えた結果、難しそうでも「できません！」とあっさり断ると、やる気がないと勘違いされる恐れがあります。ですので、「明日までは難しいですが、明後日までならできます」「すべての書類は無理ですが、半分なら何とかなります」などと、自分ができる範囲の代替案を提示しましょう。

気を遣ったり、空気を読んだりして、できもしないことを安易に引き受けるのは、結果的にあなたの評価を下げることにつながりかねません。職場では、「いい人」ではなく「信頼される人」を目指すべきだと覚えておいてください。

TIPS for LADIES

## 089 ／ 報告の前には、10秒間、頭で内容を整理

上司や先輩に報告する際には、「何が」「どうした」を的確に話しましょう。自分の感情を交えたりせず、客観的事実だけを端的に伝えることが大切です。

たとえば、こんな風に報告したら相手はどう思うでしょうか？

「A社からの請求書をBさんが処理していなくて、先方のCさんから『入金がない』とクレームの電話が来ちゃって、すごく怒っているんです。でも、請求書が到着するの

がものすごく遅かったから、入金が期日に間に合わなくて当たり前だし、Bさんだけが悪いわけでもないんですけど、Bさんがそれを指摘したら、Cさんがますます怒っちゃって……」

聞いている方は、何が何だかさっぱり分かりませんよね。

報告前の10秒間で構いません。論理的に説明できるよう、冷静になって頭を整理しましょう。ここでまず伝えるべきなのは、「A社の請求書が処理されておらず、入金がされていなかった」という事実です。それを最初に話し、「先方は何と言ってるのか」「なぜ処理を忘れたのか」をその後に話します。

報告で伝えること

① 一番伝えたい、軸となる事実
② そのことで派生したこと（先方など）
③ 何が原因だったか
④ そのためにした処理や相談

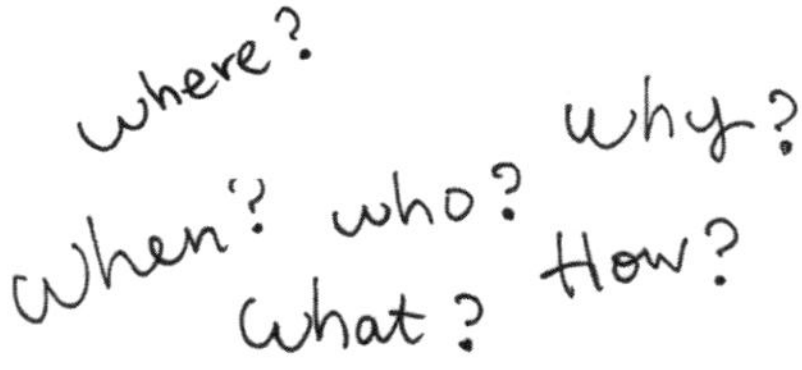


TIPS for LADIES
# 090 「5W1H」ではなく、イエスかノーで答えられる質問を

報告の際、頭を整理できるようになったら、もう一歩先を行く報告術をマスターしましょう。

それは、トラブルの対処に当たる際、上司や先輩に「こんなトラブルが起きました。どうすればいいですか？」というような漠然とした質問をしないこと。これでは、自分で何も考えず質問を丸投げしているだけだからです。

あなたは単なる伝書鳩ではないはず。トラブルを報告すると同時に、対処法を自分なりに考えて提案してみてください。たとえば、「A社の担当者にこちらの代替案を提示して検討してもらおうと思いますが、いかがでしょうか」といった具合です。

「5W1H（いつ、どこに、なに、なぜ、誰に、どのように）」を使った質問ではなく、相手がイエスかノーで答えられる形にして尋ねることを心がけることで、考える力がつくのです。

TIPS for LADIES

# 091 / 後輩を育てるには遠回りが一番

後輩を育てるためには、後輩に自分自身で考える癖を定着させましょう。そのためには、どんなに時間がかかって遠回りになろうとも、全部の答えを教えないようにしましょう。だからと言って、全く教えないのもNG。ただの無責任で親身になってくれない人と思われてしまいます。どうやったらその問題が解決するのか、大まかな方向性だけ教えてあげて、最後の回答は本人に出させるのが鉄則です。

たとえば、「この伝票はどう書けばいいですか?」と聞かれたら、どこに何を記入するのか、こと細かに教えてあげるのが優しさではありません。「これはB社の伝票だよね。ということは、まず取引内容を担当者に確認して、その内容と突き合わせてごらん」と、大まかな流れだけを教えて、後は本人に考えさせるのです。「最初から最後まで指示したほうが100倍早い」と思うでしょうか。きっとそのとおりですよね。でも、それでは後輩のためになりません。今は時間がかかっても、後輩が成長し、自分で考え答えを導き出せるようになればたくさんのことを任せられるようになります。そうなれば、あなたに余裕が生まれ、もっと大きな仕事に着手できるようになるのです。

TIPS for LADIES 092

## 叱り方の技術を磨く

人を叱るのは気持ちの良いものではありませんが、上に立つ以上避けられないものです。でもここで、どう叱るかが後輩をより良い方向へと育てるポイントにもなります。中でも心がけたいのは、叱る時は、必ず二人きりになること。皆の前で叱られると、後輩は必要以上に委縮したり、気まずい思いを味わなければなりません。

また、後輩がミスをした時に「何やってんの！」と頭ごなしに叱りつけるのもNG。「どうしてこうなってしまったのか」を確認し、なぜミスが起きたのかを考えさせる癖をつけましょう。さらに、「挽回するにはどうしたらいいと思う？」「また同じミスが起こらないように対策できることはあるかな？」などと尋ねてみてはどうでしょうか。

失敗慣れしていない後輩ほど、小さなミスで落ち込んでやる気をなくしてしまうことがあります。ミスをしたままで終わらせないように目を配ってあげたいものです。

TIPS for LADIES 093

## 褒める時は、みんなの前で

一方、後輩を褒めるなら、みんなの前で聞こえるように。「良かったよ！」「すごいね」だけではなく、何がどう良かったのかを具体的に伝え、同時に「本当に助かった」などと自分の気持ちを一言添えましょう。

褒められた本人はもちろんですが、それ以外の後輩たちにとっても、モチベーションを高めたり、「何をすべきなのか」を認識するヒントになったりします。

TIPS for LADIES

## 094 「質問口調」で仕事を頼む

後輩であっても、仕事を頼む時は、「命令口調」ではなく「質問口調」を心がけましょう。「お茶出して」ではなく「お茶、出してもらっていい?」、「このデータ、入力しておいて」ではなく「このデータ、入力してみてくれる?」といった具合です。

「後輩にそんなに下手に出るなんて」と思うかもしれませんが、あなたが上司から仕事を頼まれる時のことを想像してください。お願いされる立場から見ると、質問口調で頼まれた方が気持ち良く仕事ができるのです。

TIPS for LADIES

# 095 / 「正解」を押しつけない

会社を経営していると、嬉しいことに社員一人一人が職場を良くするための意見を持っているということに気づきます。大切なのは、その意見を無駄にしないこと。私は、いつも自分にそう言い聞かせています。会社員だった時は、部下の意見を柔軟に取り入れている上司ほど昇進しているのを間近で見てきましたし、業績が伸びている会社ほど、意見が言いやすい雰囲気で職場の改善点を定期的に社員から吸い上げているものです。

会社員時代、商品サンプル調査のユーザーを集めた座談会を実施した際、参加者の意見を聞き出すのに長けたプロの司会者から絶対やってはいけないことを教えてもらいました。それが「正解を言ってはいけない」ということでした。たとえば、開発者としては、サラッとした使用感の商品を作ったのに、ユーザーからは「手触りが重い」という感想が出たとします。そこで、「この商品は、サラサラ感を重視して作っているんですが」と開発者が言ってしまったら、ユーザーはそれ以上何も発言しなくなってしまうからです。

職場でも同様で、新しい意見に聞く耳を持たなかったり、即座に切り捨てるような先輩には、後輩は意見を言わなくなります。その意見が正しいか否かを判断する前に、「とりあえずじっくり聞く」という姿勢を持ち、後輩が意見を言いやすい環境を作ってあげてください。

TIPS for LADIES
## 096 ／「仕事ができない人はいない」と考える

「2－6－2の法則」をご存じですか？　これは、人が組織を構成すると「優秀な人が2割、普通の働きの人が6割、パッとしない人が2割」になるという組織論です。おもしろいのは、誰が抜けても組織は最終的に「2－6－2」の構成に戻るという考え方。たとえば、パッとしない2割をやめさせたら、不思議なことに残った人の中から働きが悪い人が2割生まれます。逆に、優秀な2割が抜けても、普通の人の中から優秀な人が2割出てくるというのです。

そう考えると、「もとから絶望的に仕事ができない人」は、存在しないということになります。もし、後輩が仕事ができなくても、「この子はダメな子」と決めつけるのではなく、視点を変えてみてはどうでしょうか。現在の仕事に適性があるのか、他の部署なら活躍できそうか、やる気を削ぐような原因が周囲にあるのかなど様々な方向に目を向けてみるのです。他部署の方が活躍できそうなら、上司に相談してみるのもいいかもしれません。

私自身、おっちょこちょいな性格なので、会社員時代は失敗続きでした。当時の同僚は、「あんなにボーっとしていた小西さんが、起業をするなんて」と驚かれたほど（笑）。そんな私でも、現在は経営者として事業を拡大し、部下の生活を預かっています。仕事ができるできないは、一朝一夕に判断できることではないのです。

TIPS for LADIES

## 097 / 通勤時間に、一日のスケジュールを整理する

朝、出勤する時に、通勤電車の中で手帳を見て一日のスケジュールを確認しましょう。アポイントなどを確認するのはもちろんですが、「どの時間帯にどの仕事をやるべきか」も、頭の中でシミュレーションしておきます。メモ帳などの紙に箇条書きでまとめるのが一番オススメなのですが、満員電車で携帯電話ぐらいしか出せない方は、携帯のメモやＴｏ Ｄｏリスト機能を使ってまとめてお

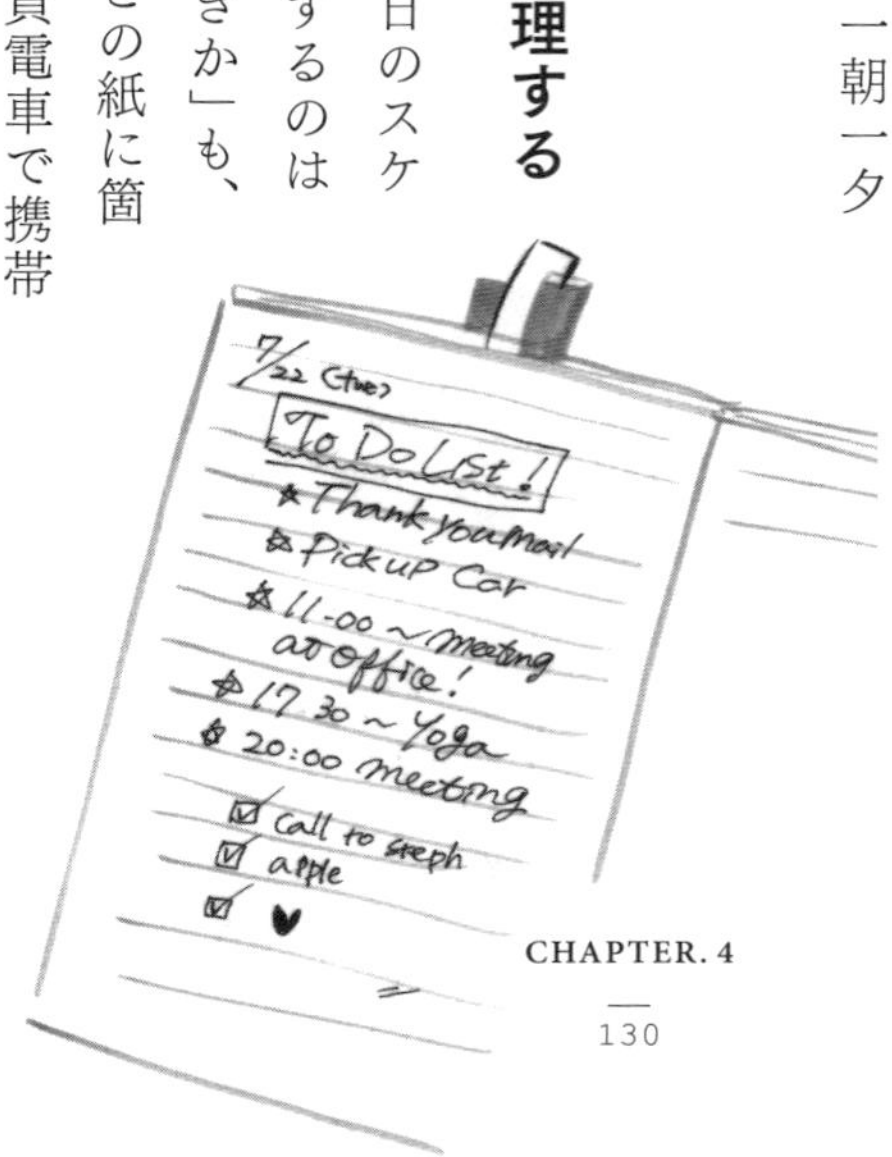

きましょう。

こうすると、職場に到着した時に「さて、何から始めようかな」と迷うことなく、すぐに仕事に取りかかることができます。

TIPS for LADIES

## 098 ／「ワークネイルバランス」を考える

ネイルをして良いかどうかや、ＯＫな色などが細かく決まっている会社もありますが、特に規定がなくても職場の雰囲気や、接する相手に合わせたネイルを心がけましょう。

たとえば、私はスキンケアの撮影が多いため、ベージュなどナチュラル系の単色を塗るようにしています。女性向けの華やかな商品を扱う会社であれば、手元に視線を集めるようなネイルが良いかもしれません。年配の方と接することが多い職場なら、ナチュラル系や透明のネイルを。取引先が医療機関や食品工場なら、場合によってはネイルをしないという選択肢も必要です。

いずれにしろ、ささくれや甘皮はきちんと処理しておくことを忘れずに！

TIPS for LADIES

## 099 / スマホで理想の自分をブランディング

同様に、ファッションも職場の雰囲気や、仕事内容、扱う商品のイメージに合わせてみてください。たとえば私は、美容の仕事というイメージから、清潔感を出すために白いアイテムを多く着るようにしています。

転職したばかりで雰囲気がつかめないなら、先輩や同僚に聞いてみるのも手です。「うちの職場に合わせるなら、どんなファッション誌を読めばいいですか？」と具体的に尋ねれば、選ぶべき服のジャンルが定まってくることでしょう。

私の場合は、雑誌やインスタグラムなどから職場に合ったコーディネートを写真に撮り、それをスマートフォン内でフォルダ（アルバム）に分け、いつでも見られるようにしています。そうすることで、自分の理想のイメージに合わせたファッションを選ぶことができるのです。

TIPS for LADIES

## 100 / 「残業＝要領が悪い」と自覚する

日本には、昔から「残業している人＝仕事をしている人」という考え方が根づいていますよね。私も会社員時代、とても忙しく、帰るのはいつも終電でした。それは、仕事を頑張っている証拠で、この仕事量なら仕方がないと思い込んでいたのです。でも、ある時部長が「一日中会社のデスクにへばりついていては、いい商品は生まれない。少しでも早く職場を出て、街でトレンドをチェックしたり視野を広げた方がずっとタメになる。今後は全員5時までに仕事を終わらせて、退社するように。間に合わない人は、要領が悪く仕事ができないと見なして評価を下げる」と宣言したのです。「そんなの絶対に無理！」と思ったのですが、いざやってみると私を含め全員が5時に会社を出ていました。

それまでもダラダラと仕事をしているつもりはなかったのですが、きっと無駄な時間の使い方をしていたのでしょう。「何があっても定時で帰る」と決めておけば、驚くほど集中し、業務時間を短縮できるものなのです。

最近では「遅くまで職場にいる人＝効率良く仕事ができない人」という価値観の会社も増えています。「ノー残業デー」だけ定時退社している人もいるかもしれませんが、それだと結局、他の日にダラダラしてしまいがち。まずは、毎日「定時＋1時間」で帰ることを目標に。3カ月後からは、毎日定時退社するよう努力してみましょう。

TIPS for LADIES 101

# 交渉の結果は行く前に90%決まる

もしあなたが営業職などで交渉する必要があるなら、相手に会う前に徹底的にシミュレーションをしてみましょう。「その場のノリで切り抜けられる」とタカをくくってはいけません。事前にしっかり準備しておけばおくほど自信を持って商談に臨めます。逆に、自信がないままで行くと、頼りない様子が見え隠れしてしまうのです。

事前に準備するべきなのは、次のことです。

- 席についたら、どんなトークから切り出すかを決めておく
- 商談では相手に話させることが大事。相手の要望をどうやって引き出すかを考える
- 取引先から想定される質問を書き出し、その返答を用意する
- 面接練習のように、上司を取引先に見立ててシミュレーションに付き合ってもらう

同僚や後輩が営業に行く前には、あなたが取引先役を買って出ましょう。取引先の視点に気づけるかもしれません。

TIPS for LADIES

# 102 アポイントの前に心を整える時間を持つ

私は以前、時間を有効に使いたいという思いから、相手先とのスケジュールを分刻みで隙間なく入れていたことがありました。そうすると、打ち合わせが長引いたり、電車の遅延などの思いがけない理由で、次のアポイントに遅れてしまい、後ですごく後悔するというハメに……。そして、次のアポイント先に到着してから、アワアワして名刺を探したり、資料を出したりなど、常に焦っていました。

これでは交渉もうまくいかないと反省し、アポを組む際は、「この時間なら間に合う」という時刻から30分は余裕を持って設定するようにしました。もし、思いがけない事態が起きても、その30分間で調整できます。そして、重要なのは、その空き時間を心を落ち着かせるために使うということ。私は、次のアポイントのビルを確認してから、そこに最も近いカフェを探して入り、次のことをしながら心を整えています。

- メイク直しをする
- 身だしなみを整える

・準備してきた資料などを再確認する
・訪問するのが初めてであれば、その会社ホームページから会社情報を得ておく
・担当者との共通の関係者などをチェックしておく
・頭の中で交渉戦略の復習をする

TIPS for LADIES 103

## 今日明日の予定変更は、2つのツールで確実に

当日の急な変更は、メールではなく電話で連絡する、というのは常識だと思います。しかし、仕事もできるレディは一味違うのです。前日では、相手が外出していたら、そのまま直帰してメールを見ていないケースも考えられます。より丁寧なのは、2日を切った予定の変更がある場合は、メールと電話で連絡するということ。また、現代は仕事関係の相手であってもフェイスブックを交換している人もいるのでは？　万が一に備えて、メッセンジャーでの連絡も良いかもしれません。相手の既読がついたかどうかで、再度の連絡の有無を判断することもできますよね。

TIPS for LADIES

## 104 / 手土産は「渡す状況」に応じて選ぶ

取引先に手土産のお菓子を持参する際、私はシチュエーションや相手によって選ぶものを変えるようにしています。

たとえば、職場全体に対して「皆さんでどうぞ」と渡す場合に便利なのは、小袋包装の箱入りお菓子です。小袋包装なら分ける手間がかからず、それぞれがデスクに持ち帰って好きな時に食べることができますよね。職場の人数を事前に調べて、できるだけその数に近い数のものを選ぶようにしています。

一方、取引先の担当者と少人数で会う場合や打ち合わせが長時間に及びそうな場合は、ピースケーキを人数分だけ用意します。手土産は社員みんなで分けるのが一般的ですが、最初から数が少ないと、他の方に遠慮せずにその場の方々だけで食べていただくことができます。せっかくの手土産なのだから、もらう方にできるだけ喜んでいただけるものをお渡ししましょう。

TIPS for LADIES
105

## 「借り」を作らない関係の深め方

お仕事で関わる方々とのお食事は「飲みの場でコミュニケーションが深まって、仕事がしやすくなる」というのは本当で、私も同じ業界の方が集まる飲み会は他の仕事より優先し参加させていただいています。普段は仕事と関係ないような恋愛や趣味の話ばかりしていますが、ひょんなことから仕事につながることもとても多いのです。

このような飲み会と違って、お取引先からの接待のお誘いには注意が必要。先方が接待をするのは、こちらに「お願いしたいこと」があるからかもしれません。接待を受けてしまえば、先方のお願いを断りづらい状況が生まれてしまいますよね。私の友人には、接待を受けたことでお取引先を優遇してしまい出世街道から外されてしまった人、逆に、取引先とお食事にいった時は自分がご馳走することで、失敗した時に助けてもらったという人もいます。

取引先と食事に行くならできる限り自分で払う意思を見せましょう。あなたの上司が同席していない場なら、なおのこと勝手に奢ってもらうのはタブーです。また、夜の食事に代えて、時間もコストも節約できるランチミーティングを提案してみるのも手です。

もし、先方担当者との親交を深めたいのであれば、複数人が集まる食事会やゴルフなど、各々が自腹を切るイベントに一緒に参加するのもオススメ。これなら、接待ではないので相手に「借り」を作らなくて済みますよ。

TIPS for LADIES
## 106 「急がば回れ」が仕事を成功に導く

相手にこちらの要望を聞いてもらいたいなら、「どうやって言うことを聞いてもらうか」ではなく「どうしたら先方のニーズを満たすことができるか」を考えましょう。一見、矛盾しているようなのですが、この方法が一番の近道なのです。

私は、ビジネスでつながりを持ちたい相手には、まず初めに先方の課題を聞き出します。それに対して、自分が貢献できることを提案し、実行すると、相手から「我が社でも、何かご協力できることがありますか」と言ってもらえることが多いのです。たとえ相手からそう言ってもらえなかったとしても、こちらには相手に貢献したという「貸し」があるので、いざという時に要望を聞いてもらえる可能性は格段に上がります。

これは、仕事に限らずすべての人間関係に共通することかもしれません。レディの行動の原動力は「思いやり」です。思いやりの心が、結果として相手へのアドバンテージとなり、それによって自分の意見や要望が通りやすくなるのです。

TIPS for LADIES 107

## 備品の無駄遣いは、評価に響くことを忘れない

会社の備品だからといって、豪快に無駄遣いをしていませんか？　意味もなく大量にプリントアウトしたり、まだインクが残っているボールペンを捨てたり……。でも、備品は会社の経費で購入されているので、無駄遣いをすれば、それが巡り巡ってあなたのお給料に影響を与えるかもしれません。

オフィスの備品も自腹で購入したものと同じ感覚で使うようにしましょう。たとえば、以下のようなことはすぐ実践できます。

- 裏紙をメモ用紙にする
- 何も書き込んでいない付箋は、はがして再利用
- カラー印刷が不要なものはモノクロ専用プリンタもしくは、モノクロモードで印刷
- ボールペンは捨てずに、インクを取りかえて使う
- トイレや給湯室などの電気は、使ったら消す

特に、経営者や仕事ができる上司ほど、このような細かい経費削減に敏感です。意外なところを上司はしっかり見ています。あなたが率先して備品を大切にすれば、上司からの信頼はきっとアップするはずですよ。

TIPS for LADIES

## 108 / デスクワークは、ボールを相棒にプチエクササイズ

デスクでの姿勢は、仕事に向かう姿勢に直結します。頬杖をついたり、脚をブラブラさせていると、周囲からは集中していないと受け取られてしまいますし、実際にボーっとしてしまいがちです。

私の会社では、社員はテニスボール大の弾力性のあるスポンジ製ボールを両膝の間に挟んで座っています。こうすると、不思議と背筋が伸びて美しい姿勢になり、集中力も増します。ぜひ試してみてください。

TIPS for LADIES

## 109 / デスクにお気に入りの小物をしのばせて、パワーをチャージ

キラキラのボールペン、好きな絵柄のポストカード、愛犬の写真など、お気に入りのグッズをデスクに入れておきましょう。疲れた時に眺めれば、元気が湧いてくるはずです。

また、香りの力を借りるのもいいですね。好きな香りのネイルオイルやハンドクリームを常備しておけば、リラックスやリフレッシュが図れます。

私のオススメは、アロマの香りつきウェットティッシュ。これで机をサッと吹くだけで良い香りが漂います。かといって香水のようにキツくないので、周囲に迷惑をかけることもありません。

TIPS for LADIES

## 110 / ワンコインの「ちょこっと贅沢」で、平日を乗り切る

一週間を乗り切るには、少しだけ自分を甘やかすことも必要ですよね。といっても、毎日ショッピングやおいしいディナーに出かけていたら、お財布が大ピンチになってしまいますし、第一そんな時間はなかなかないかもしれません。

そこでオススメなのが「ちょこっと贅沢」。ワンコインで手軽にできる楽しみを作るのです。たとえば私は、仕事を頑張った時は、自分へのご褒美として百貨店の和菓子を一つ買うようにしています。甘さが疲れた体に沁みわたり、心も安らぎます。

週一回の「ちょこっと贅沢」が「明日も頑張ろう！」という活力になり、平日を駆け抜けられることでしょう。

TIPS for LADIES

## 111 / 「職場での存在理由」を作る

職場に必要とされる人間であり続けるためには、「普段の仕事＋α」の知識や技術を身につけることが必要です。

私も会社に勤めていた頃、別のチームや部署に移動する可能性が常にありました。私の場合、メイクアップの開発部門に留まりたかったので相談したところ、上司からは「それなら、君をそこに残すべき理由が必要だ」という指摘が。そのため、休日にメイクアップの専門学校に通い、知識を習得。会社が、メイクアップの開発部門に私を置いておきたくなる理由を自力で作った結果、異動にならずに済んだのです。

会社員に異動はつきもの。でも、自分の希望を通すためにも、今のポジションででき る努力を重ねる必要があるのです。

TIPS for LADIES

## 112 ／ 交流会で、出会いたい人に賢く出会うコツ

パーティや仕事の交流会など、多くの人が集まる場は人脈開拓のチャンスです。そんな時に「たくさん食べて参加費のモトを取らなきゃ！」などと、ビュッフェに夢中になっていてはせっかくの機会が台無しです。

交流会に参加する目的は、新たな出会いを得ること。ただ、やみくもに名刺交換しても何の成果も得られず、「この人、誰だっけ？」という無駄な名刺の山ができあがるだけ。本当に出会いたい人に出会うには、コツがあるのです。

**・主催者への「根回し」は必須**

事前に、「自分が出会いたい人」がいるか、主催者に聞いておきましょう。

職種的に関わりが深そうだったり、興味を持っている会社名など「どんな人に出会いたいか」という目的を主催者に具体的に伝えておきます。そうすると、主催者が相手を教えてくれたり、当日紹介してくれたりするものです。

**・アプローチする人を絞る**

事前に主催者に相談できない場合でも、会場で片っ端から名刺を配るのはやめておきましょう。

まず、名札の職種などから、アプローチする人を3人に絞り、その3人に自分から声をかけます。もし、待ち望んでいた素敵な人に出会えたら、一緒に参加している知り合いもその場で紹介していただきましょう。

**・次に会う日時をその場で決める**

先ほどお話ししたように、私は、仕事での関係を構築したい人には、まず先方のニーズを満たすことを考えるのですが、これは交流会の場でも同じです。

その場で、相手の要望や現在の課題点を聞き出し、自分がどんな貢献ができるかを提案してみます。すると、たいてい相手は「もっと話を聞きたい！」と前のめりになってくれるので、すかさず「落ち着いてミーティングできる日はありますか」と次に会う日程をその場で決めてしまいます。こうすると、「また会いましょう」という社交辞令ではなく、確実につながりが生まれます。

### ・10人と話せればOKと考えておく

「一人でも多くの人と話さなきゃ」と人数をノルマにすると、一人あたりとの会話時間が減り、結果的に有意義な話ができなかったり、相手の印象に残らなかったりします。大切なのは人数ではなく、一人一人との「会話の質」です。私の場合は、100人規模のパーティなら、どんなに頑張っても15人程度としか話せません。

規模や滞在時間にもよりますが、平均で10人と話せればOKだと考えるようにしましょう。

TIPS for LADIES 113

# 「自分探しの転職」をしない

転職をする人の中には、「何がしたいのかよく分からないけれど、今の自分を変えたいから転職する」という人がいます。今の自分を変えたい、という気持ちは素晴らしいのですが、目的がないまま職場を変えてみても、結局また転職を繰り返すことになりかねません。

「やりたい仕事がある」「働いてみたい会社がある」「もっとお給料がほしい」「夢の実現に近づきたい」という具体的な目標があるからこそ、せっかく手に入れた今の仕事や職場を投げうってまで転職する意味があるのではないでしょうか。それが明確になっていない転職なら、それは「キャリアアップ」ではなく、「現実逃避」になってしまうかもしれません。

また、私は起業を目指す女性から相談を受けることも多いのですが、「やりたいことは決まっていないけど、会社を興したい」という人には、独立をすすめていません。「会社を作りたいから、事業を探す」のではなく、「やりたい事業があるから会社を興す」のが大前提ですし、万全の準備をしてから起業にのぞむべきだと思うからです。

この本を読み進めていただいている方は薄々感づいているかもしれませんが、私は実は、かなりの小心者です。そんな私が実際に会社を興してみて思うのは、会社を運営するというのは想像以上にハードなことだということ。スタッフを育てたり、資金繰りに頭を悩ませたり、会社員時代にはなかった苦労がありました。それでも、これを乗り越えられたのは、他でもない、絶対にやりたいという、何にも変えられない意志があったからです。私は「化粧品検定をやりたい」という目的を実現するために、会社員を続けながら商標の取得などできる限りの準備をした後に、独立しました。

転職や独立はリスクも伴います。やりたいことがまだ定まっていないなら、まだタイミングが早いということ。今は会社で働きながら、じっくりとやりたいことを考え、週末や仕事後の時間を使って来るその時に備え、準備を進めましょう。

TIPS FOR LADIES

# CHAPTER.5

TIPS 114-153

# レディの美容術

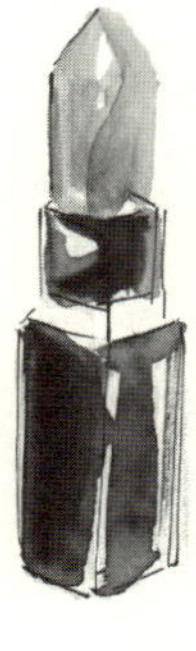

---

「持って生まれた外見は変えられない」。

もし、あなたがそんな風に思い込んでいるのだとしたら、本当にもったいない！

ココ・シャネルは、「20歳の顔は自然の贈り物、50歳の顔はあなたの功績」という名言を残しています。そう、キレイは自分で作っていくもの。ちょっとした心がけで、美しさの可能性は無限に広がるのです。

といっても、あらゆる美容法を試そうとしても時間やお金は限られているし、巷で話題になっている美容法の中には、むしろ美から遠ざかってしまうものもあります。無駄なお手入れを省いた最短最適な美容法「なまけ美容」で、キレイを目指しましょう。

この章では、私がコスメコンシェルジュとして培った知識と経験をもとに、キレイを作るための考え方や習慣、ケア方法を具体的にご説明します。品があり、健康的な美しさのあるレディを目指しましょう！

TIPS for LADIES

## 114 / 鏡を見た分だけ、キレイになれる

美への第一歩は、まず現実を受け止めること。誰しも、自分の嫌な部分からは目を背けたくなるものですが、気分が乗っていてもいなくても、一日最低でも10回は鏡を見て、自分の顔をチェックするようにしましょう。

また、毎晩お風呂上がりには、髪をすべて上げ、おでこを出した状態で、シワやシミ、たるみも徹底的に観察します。裸の状態で姿見に全身を映し、身体の輪郭の変化やたるみをチェックすることも忘れずに！

TIPS for LADIES

## 115 / 他人の視線は最良の美容液

「常に他人に見られている」という意識は、強烈な引力でキレイを呼び寄せます。芸能人がその最たるものだと思いますが、私自身、読者モデル時代にそれを実感しました。周囲のモデルたちは、最初に会った頃に比べたら年を重ねているはずなのに、昔の写真よりも明らかにキレイになっているのです。

他人の目に自分がどう映っているのかを知るためには、全身写真を撮ってもらうのが一番。写真で客観的に自分を見ると、思っているより太めだったり、肌がくすんでいることに気づいたりします。一人で写真を撮るのが恥ずかしければ、女子会などでみんなと一緒に撮ってもらいましょう。友人と比較することで、自分のキレイを判定する材料にもなります。

TIPS for LADIES

## 116 ／「自分史上最高のキレイ」を知っておく

ヘアメイクやビューティーアドバイザーなど、プロにフルメイクをしてもらったことはありますか？　プロの技術はやはり素人とはまったく違います。プロの腕を借りて、自分のMAXの美しさを引き出してもらいましょう。

メイクレッスンなどに参加するのもいいですが、できれば、メイクだけでなくヘアやファッションもセットでやってもらうと、より「最高のキレイ」を実感しやすいと思います。ヘア＆メイクを気軽に試せるビューティサロンもあるので、足を運んでみてはどうでしょうか。

TIPS for LADIES 117

## 目指すのは、「美人顔」より「印象顔」

「美人顔の黄金比」という言葉を聞いたことがあるでしょうか。これは、顔全体のバランスや、目、鼻、口などパーツの大きさや位置など要素から「理想的な美人顔」の比率を割り出したものです。でも、意外なことに芸能人の中にはこの黄金比から大きく外れている人も多いと言われています。これは、黄金比から外れた顔のほうが、正統派美人よりも印象に残りやすいせいなのかもしれません。

つまり、誰もが正統派美人を目指す必要などないのです。そう考えれば、コンプレックスに感じている部分が長所に変えられることに気づくのではないでしょうか。たとえば、一重まぶたはセクシーなイメージを醸し出すことができますし、黒髪にもよく似合います。ぽってりとした丸顔なら、優しさを感じさせ、女性らしい服装もマッチするはずです。

コンプレックスを武器に変えて、オンリーワンの「印象顔」を目指しましょう。

TIPS for LADIES 118

## 年齢より大きい肌老化の原因

「最近、肌が汚くなった気がするけど、もう若くないし、仕方ない……」なんて思っていませんか？　実は、肌の老化は年齢だけのせいではなく、80％が紫外線によるダメージだと考えられています。

今からでも遅くありません。一年中日焼け止めを塗って、紫外線をカットしましょう。真夏だけでなく、春から秋口までは日傘も必須です。

TIPS for LADIES

## 119／新陳代謝がいい女の肌は透けている

肌の透明感がないなら、原因の一つとして考えられるのが運動不足。代謝が落ちると肌はくすみやすくなるからです。定期的に運動をするのが一番なのですが、てっとり早く代謝をアップさせるとっておきの方法があります。

それは、肩甲骨を回すこと。肩甲骨には、靭帯などの組織によってつながれておらず、筋肉のみで連結されています。そのため、肩を回してほぐすことで代謝をアップさせることができるのです。

電車の待ち時間や仕事の合間などに肩を回すクセをつけて、代謝を促進させましょう。

TIPS for LADIES

# 120 / クレンジング剤は肌の悩みで使い分け

毎日、帰宅したらすぐにメイクを落とす習慣をつけてください。化粧品は油分を含んでいるため、酸化し、肌にダメージを与えます。つまり、メイクしている時間が長ければ長いほど、肌にはストレスがかかってしまうのです。

また、肌の状態やメイクの濃さによってクレンジング剤を使い分けるのも大切。乾燥肌に洗浄力の高いオイルタイプのクレンジング剤を使うと、ますます乾燥させてしまう恐れがあるので、オイルタイプは濃いメイクの日や毛穴の汚れをしっかり落としたい日だけに限定。薄いメイクの日は、目元だけアイメイク専用のクレンジング剤でオフし、顔全体には肌に優しいクリームやミルクタイプを使いましょう。

〈私の使い分け方〉

**クレンジングバーム：** 乾燥小じわがきになりはじめた時

**クレンジングオイル：** ウォータープルーフのメイクアイテムを使ったしっかりメイクの日や毛穴の汚れを落としたい日

クレンジングジェル（油系）：シミ（摩擦）が気になる時
クレンジングリキッド：ニキビができそうな日やできてしまった日
クレンジングクリーム：日常使い。お肌にハリ、弾力をアップさせたい日
クレンジングミルク：ミネラルファンデ、ＢＢクリームなどの
ナチュラルなベースメイクだけの日。肌がゆらぎ荒れやすい時

TIPS for LADIES
121

## 高級クリームは呪文を唱えて

スキンケアアイテムの活用には、「プラシーボ効果」が大きく関わっていると言われます。プラシーボ効果とは、本来は効く成分が入っていない偽薬を投与したのに、薬への期待感で症状が改善すること。スキンケアアイテムも、「キレイになる」という期待を込めて使うことで効果が増すとされています。多くのスキンケアブランドが良い香りのラインナップを揃えているのも、香りによるリラックス効果によってアイテムが

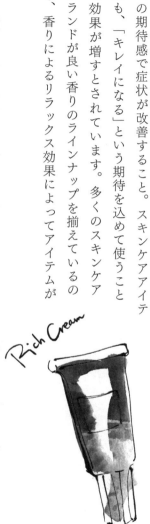

持つ成分の効能を高めるためです。

とっておきの高級クリームや美容液を使うなら、鏡に向かって「これで私はキレイになる」と呪文を唱えながら塗ってみましょう。子供騙しのように感じるかもしれませんが、「思い込みの効果」は侮れません。自分自身に言い聞かせることが、キレイを引き寄せる第一歩なのです。

TIPS for LADIES

## 122 ／ スキンケア&ボディケアは裸が必須！

お風呂から上がったら、服を着たり、髪を乾かす前に、まずスキンケアとボディケアを済ませてしまいましょう。時間が経てば経つほど乾燥が進みますし、お風呂上がりは特に水分が蒸発しやすい状態だからです。それに、一度服を着てしまうとボディケアをするのが面倒になったり、クリームが服についたりしてしまいます。

ボディケアは、乾燥しやすく角質化しがちな肘、膝、かかとを特に念入りに。男性が女性に触れるのは顔よりも身体です。一年中、ケアを怠らないようにしましょう。

TIPS for LADIES

## 123 / 実は、肌を加齢させる「肌断食」

最近、化粧水や乳液などのスキンケアアイテムを一切つけない「肌断食」が一部でもてはやされているようですが、これは考えものです。

なぜなら、肌には適度な水分と油分が必要だからです。アレルギーなどの肌トラブルがない人が肌断食を行っても、美肌になるどころか逆効果。乾燥による小ジワが増えたり、加齢肌を促進させるだけなので、やめておきましょう。

※アレルギーなどの肌トラブルがある方は、肌断食が必要な場合があります。また、クレンジングなどの洗浄アイテムについては、お休みすることで肌の負担を減らすことができます。

TIPS for LADIES

## 124 / 化粧水ミストは、顔に吹きかけちゃダメ！

外出先でサッとひと吹きできる化粧水ミスト。オフィスでの乾燥対策に使っている人も多いかと思います。でも、使い方を間違えると、むしろ乾燥の原因になってしまうことを知っていますか？

実は、水だけでできているようなミストを直接顔に吹きかけるのはオススメできません。つけた直後は潤ったような気がするかもしれませんが、ミストの水分はすぐに蒸発してしまいます。しかも、蒸発する際に気化熱で肌が本来持っている水分も一緒に奪ってしまうので、肌が乾燥してしまうのです。

ミストで潤い効果を得るなら、保湿剤が入っているタイプを選びましょう。水だけのタイプは、顔に吹きかけず、空気中に噴射すること。顔よりやや上に向けてシュッとひと吹きし、顔周りの空気の湿度を上げるのが正しい使い方です。

TIPS for LADIES

## 125 / 顔の下半分のエイジングケアが若さを作る

実は、同じたるみでも顔の上半分と下半分では、シワになったりたるむ理由が違います。上半分のたるみは筋肉の硬直、下半分は筋肉が脂肪を支えられずに緩むことが原因です。

つまり、大切なのは上半分はほぐして、下半分を鍛えること。未来のために、次の方法で今からケアをしておきましょう。

〈上半分〉・おでこを下から上にくるくるまわしながらマッサージ
・眉間のしわをほぐすように薬指でS字を描く
〈下半分〉・口を左右に動かす
・頬を高く持ち上げて「タチツテト」を繰り返す

TIPS for LADIES
126

## ハンカチを持たない女は老けやすい

手は年齢がストレートに表れるパーツです。顔はツヤツヤなのに、手の甲がカサカサ&シワシワでは、一気に老けた印象に。顔だけでなく、手肌も乾燥対策を怠らないようにしましょう。

たとえば、トイレのハンドドライヤーは強風で水分を蒸発させるため必要以上に水分をとばしてしまい、手が過乾燥状態になる場合があります。毎回きちんとハンカチを持ち歩き、やさしく水分を拭き取りましょう。もちろん、その後ハンドクリームでケアすることも忘れずに。

手は、身体の中で自分自身の目に最も多く映るパーツでもあります。手がキレイだと、気分も上がりますし、「私は今日もキレイ♪」という自己暗示をかけることができますよ。

TIPS for LADIES
127
## 気品のある首作りは、「スマホの持ち方」にあり

手と同じく、首も年齢が出るパーツです。アメリカのフロリダ州のカイロプラクターディーン・フィッシュマン(Dr. Dean Fishman)によれば、20代でも首のシワがある人が増えているのだとか。その一因として、スマホの使用で下を向いている時間が長いことが考えられるそうです。

スマホを持つ際には、目線と同じ高さにしてみてください。また、スキンケアの際に化粧水や乳液を首まで伸ばしてマッサージしましょう。首がツルツルになるだけでなく、リンパの流れも促進され、全身の血流が良くなります。

TIPS for LADIES
128
## 毛抜きはポーチの中の必需品

2013年に放送された篠原涼子さん主演のドラマ『ラスト♡シンデレラ』で、篠

原さん演じるアラフォーの主人公が、自分の顔にヒゲが生えていることに気づき、ショックを受ける……というシーンがありました。

一見笑い話のようですが、これはドラマの世界に限ったことではありません。年齢とともに女性ホルモンが減少する影響で、男性のような太いヒゲが1、2本生えてきてしまう女性は意外と多いものです。仕事中に何気なく顎を触った時、太いヒゲの感触が……なんてことがあったら、その日はずっと気が気ではありませんよね。このような瞬間に備えて、ポーチの中には毛抜きを常備しておきましょう。

〈ポーチの中の必需品〉

・毛抜き　・歯ブラシセット　・ヘアクリップ

・原因別シミ抜き（油用・水用）

・制汗ケアアイテム　・綿棒　・爪楊枝　・ティッシュ＆ハンカチ

TIPS
for
LADIES
129

## 女を取り戻す㊙アイテム

私は毎晩寝る直前、ローズバームを鼻の下や口の周りに厚めに塗っています。実は、ローズの香りには、女性ホルモンに働きかける作用があります。日頃忙しく働いている人ほど、男性ホルモンが活発化して「オス化」しがち。ローズ効果で、睡眠中に女性ホルモンをアップさせ、女を取り戻しましょう。

また、ローズバームをたっぷり塗ることで保湿効果も期待できるので、一石二鳥ですよ！

TIPS
for
LADIES
130

## ビタミンCはおやつで摂る

美容の強い味方とされるビタミンCですが、実はなかなかやっかいな面を持ち合わせています。ビタミンCは水溶性のため、胃腸に食べ物がある時は、油分などに邪魔されて吸収されにくいのです。そのため、食後のデザートに果物を食べてビタミンCを摂った気になっていても、実際にはあまり吸収されていない可能性が高いと言えます。

吸収されやすいのは、お腹が空っぽの時間帯。とはいえ、食間の時間帯は仕事中ですから、フルーツを食べるのは難しいですよね。ラムネやサプリメントなどで手軽にビタミンCを補いましょう。一度に大量に補給せず、1日4～5回に分けて摂るのがベストです。

TIPS for LADIES
131 / 本当の美しさが宿るのは横顔

横顔は、メイクの腕前が顕著に表れます。正面から見てOKでも、横から見るとアイラインが浮いていたり、眉先の形が整っていなかったり……なんてことは、結構ありがちなのです。

そこでメイクの仕上げに、三面鏡や手鏡を使って横顔をチェックしてみましょう。横顔を写メして客観的に見てみるのも、メイクの腕を上げるのに役立ちます。

ふとした瞬間に人が惹きつけられるのは、正面ではなく横顔だったりするもの。「正面から見られていない時でも、横顔は見られている」と意識したいですね。

TIPS for LADIES
132

## 濃すぎるメイクの原因は、「距離と手順」

メイクをする時、鏡に近寄りすぎていませんか？　鏡に近づけば近づくほど、メイクは濃くなってしまいます。特に、眉のバランスを見る時や、全体の仕上げを確認する時は、鏡から一歩離れてみましょう。

また、メイクを濃くしないためには、一番色が強いアイテムから使うのがポイント。たとえば、鮮やかな赤い口紅を使うなら、ベースメイク後すぐにリップを仕上げておくと、アイメイクが濃くなり過ぎずに済みます。ナチュラルメイクなら、眉を先に仕上げておけば、全体のバランスが取りやすくなるでしょう。

TIPS for LADIES
133

## トレンドは、眉で取り入れる

眉は、顔の中で流行を最も反映するパーツです。たとえば、アイシャドウは同じブラウンを使い続けていても古臭く感じ

ませんが、もし今の時代に90年代に流行した細眉をしていたら、時代遅れな雰囲気になってしまいますよね。流行を取り入れるには、まず眉を変えてみましょう。

眉は基本的にハサミでカット。抜いてしまうと、生えてこなくなり、トレンドに合わせられなくなります。眉の骨格の周囲5㎜はカットし、そこからはみ出した部分だけを抜くようにしましょう。

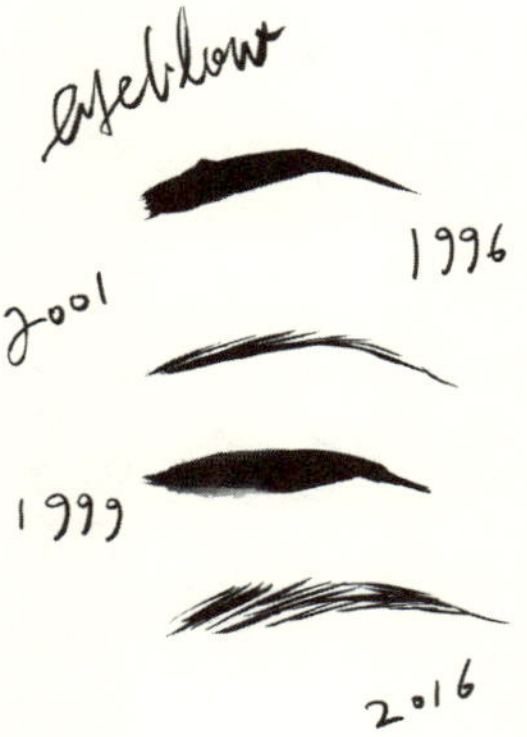


TIPS for LADIES 134

## 肌の質感で女は変わる

雰囲気を変えたいと思ったら、化粧品をやたらと揃えるのではなく、工夫をして一つのアイテムを使いこなしてみましょう。

たとえば、ファンデーションをたくさん持っていなくても、ちょっとした工夫で、いつもとは異なる肌の質感を演出できます。同じリキッドタイプのファンデーションでも、パフでつければナチュラルな雰囲気に、手でつければツヤのある質感になります。

また、パフもファンデーションに付属のものだけでなく、もう一種類持っておくと便利。吸収力が高いものならつややかに仕上がり、キメが細かいものならマットな質感の肌になります。どのようなタイプのパフがあるのか、売り場で店員さんに聞いてみましょう。

また、パウダーファンデーションをいつもよりしっかり塗りたい時は、ファンデに霧吹きで水を少量吹きかけると、リキッドっぽい仕上がりになります。手持ちのファンデーションでぜひ試してみてください。

TIPS for LADIES

## 135 / 1万円のブラシに投資する価値を知る

すべての美容ツールに高いお金をかける必要はありませんが、ブラシだけは高級なものを使いましょう。安いブラシは肌を傷める上、摩耗するのも早いのです。

オススメなのは、5000円~1万円ほどの天然毛のものか、5000円前後の高級ナイロンのもの。中サイズのブラシなら、チークにもフェイスパウダーにも使えて便利です。

使用後は、毎回ティッシュで汚れをオフすることも忘れずに。また、高級ブラシと

いっても寿命がありますので、3年程度で買いかえるのが理想的です。

TIPS for LADIES

## 136 ／ グロスは半年以内に使い切る

水溶性成分で出来ているグロスは、唇に直接触れることもあって、雑菌が繁殖しやすいアイテム。目には見えなくても、雑菌がたくさん繁殖していれば唇荒れのもとになります。開封したら、半年以内で使い切るようにしましょう。

TIPS for LADIES

## 137 ／ コスメカウンターに行くのは、午前中が吉

コスメアイテムは、つけてもらった直後はバッチリに見えるもの。でも、実際の生活では1日中つけているわけですから、時間が経ってもヨレたりしないかどうかが重要です。

ほしい化粧品があるなら、午前中に売り場に行って試して買わずに帰り、夕方にどのような状態になるか確かめてみましょう。購入するのは、自分の肌に合っていると確認してからでも遅くはあ

りません。

また、化粧品を選ぶ際は、必ず自分の手でつけてみること。プロの手は魔法の手です。ビューティーアドバイザーが使えば、素晴らしい仕上がりになるアイテムでも、自分では使いづらいかもしれません。顔半分をビューティーアドバイザーにつけてもらったら、「もう半分は自分でつけてみていいですか？」と頼んでみましょう。そうすれば、上手なつけ方を教えてもらうこともできますよ。

TIPS for LADIES 138

## 自信をくれるのは、自分だけの「美人色」

「私はピンクが似合わないから、ピンクのリップは買わない」と特定の色を敬遠している人を見ると、ちょっともったいないなと思ってしまいます。というのも、「ピンクが似合わない」というのは思い込みで、本当は「自分に似合うピンクを知らないだけ」だからです。

人にはそれぞれ、「似合う系統の色」があります。その系統は、肌の色がイエローベースかブルーベースかによって大きく分かれ、さらに髪や目の色によって決まってきます。

たとえば、イエローベースの人なら青みの強いローズ系のピンクは似合わなくても、サーモンピンクなら似合うかもしれません。ぜひ自分に似合う系統の色を知っておきましょう。

TIPS for LADIES 139

## 寝坊した朝は、ラメの魔法をフル活用

つい寝坊をしちゃって丁寧にメイクをしている時間がない！　そんな朝は、ラメのシャドウやグロスを使えば、簡単に華やか顔にクラスアップできます。

気をつけたいのは、目元と口元で異なる大きさのラメを使うこと。たとえば、アイシャドウのラメが大きめのタイプなら、グロスは細かいラメのものに。両方のラメが強すぎると、下品な印象になってしまいます。

また、マスカラを塗る時間がなくても、アイライナーは、サッと引くように。それだけで、目元が引き締まった印象になり、〝手抜き感〟がなくなります。

TIPS for LADIES 140

## 「立体盛り」で、華やかセクシーな唇に

アフター5の急なお誘いに対応できるよう、ポーチの中に白いパールのグロスを1

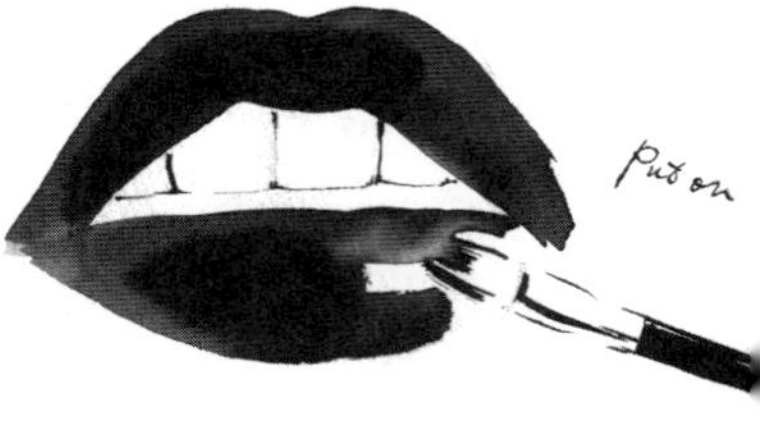


本入れておきましょう。リップを塗った後、パールグロスを唇の中心に足すだけで、立体感が出てセクシーな印象になります。
グロスで華やかさを演出するためには、パール感が大きなポイントになります。売り場でビューティーアドバイザーに相談しながら何本か試し、自分の唇の形や大きさに合うグロスを探しましょう。

TIPS for LADIES
**141**

## 「髪育」が未来の見た目年齢を左右する

髪は清潔感を左右するパーツ。どんなに完璧にメイクしていても、枝毛や切れ毛だらけのボサボサヘアだと、それだけで疲れているイメージになりがちです。

また、今は実感がない人の方が多いかもしれませんが、白髪、頭頂部の薄さなどは見た目年齢を一気に上げてしまいます。そうならないために、将来に向けての「髪育」も今から始めておきましょう。

白髪や頭頂の薄さは、頭頂部の頭皮が張っていることが原因。そのため、対策には頭皮マッサージが効果的です。シャンプーする時、頭頂部に谷を作るイメージで、指を使って頭皮をグッと押し上げましょう。頭皮の血行が促され、頭頂部のハリが緩和されます。

頭皮マッサージは、髪育だけでなく気持ちのリフレッシュにもなるので、ぜひ続けてみてください。

TIPS for LADIES
## 142 ／「誘える後ろ髪」のレディになる

髪を巻いたら、手鏡を使って後ろ姿を確認しましょう。正面やサイドはきちんと巻けていても、後ろの襟足だけ巻けていない人は、驚くほど多いものです。

毛先の長さがキレイに揃っているかどうかで印象は大きく変わります。襟足までしっかり巻くことを忘れずに。

TIPS for LADIES 143

## 寝坊した朝、一瞬でレディになれるヘアアクセ

ロングヘアの人は特に、朝の髪の手入れが大変ですよね。ブローする時間がない朝、私は、大きめの華やかなヘアクリップでサッとハーフアップにして、女性らしさを出すようにしています。

少し時間がある日は、マジックカーラーでトップを巻いてボリュームを出すことも。また、洗顔後、「ピック」と呼ばれる小さなクリップで前髪を留めておけば、メイクや着替えが終わる頃には前髪の形が完成しています。アメピンはつけた跡が残ってしまうので、スタイルキープには向いていません。

TIPS for LADIES 144

## ダイエットは階段下がりが正解

食事を極端に減らして一気に痩せようとするのは、リバウンドの元。食事を制限すればするほど、身体は栄養を溜め込もうとするので太りやすい体質になってしまいます。「1カ月1kg」など、目標値を低く設定し、それを確実にクリアしていったほうが、ダイエットは成功しやすいのです。

左記は、ダイエットを始めるにあたってどっちか迷った時にしてほしい選択をまとめました。

- □ダイエットは生理前より生理後に
- □甘いものを食べるなら、カロリーを消費しやすい朝
- □食べ過ぎた日の翌朝は「食事を抜く」のではなく「食事を減らす」
- □夕食のメインは、肉よりコレステロールを減少させる魚
- □夜型生活を朝型生活に
- □太りにくいのは、うどんより食物繊維が豊富なそば
- □お酒を飲むなら、プリン体の気になるビールよりワインに
- □満足感を得られるのは冷たいドリンクより温かいドリンク
- □食べるなら、血糖値の上昇を高める小麦粉由来のパスタよりごはん
- □パスタは脂肪分の多いクリームソースよりトマトソースを
- □揚げ物には、抗酸化作用のあるレモンをかける
- □揚げ物を食べるなら、トンカツより給油率の少ない鶏の唐揚げ

TIPS for LADIES 145

# 眠る女は痩せやすい

睡眠不足は美容の大敵。細胞分裂を活発化させ、美を促進する成長ホルモンは、寝ている間に分泌されるからです。それだけではなく、成長ホルモンには、筋力を高め、痩せやすい身体を作る働きもあります。

成長ホルモンは、眠り始めてから3時間の間に大量に分泌されます。ですので、どんなに忙しくても最低3時間は連続して眠ることが大切。疲労を回復させるためにも、できれば毎日6時間、同じ時間帯に寝て、生活リズムを整えましょう。

また、成長ホルモンの分泌量は昼間の活動量に比例すると言われています。デスクワークなど動きが少ない人なら、仕事をしながらかかとの上げ下げをしたり、次のレッスンのスクワットなどを実践して、身体を意識的に動かすようにしましょう。

さらに、香りの効能も良質睡眠の強い味方。私は、疲れた日には、心が落ち着くローズマリーやラベンダー、カモミールなどのルームフレグランスを愛用しています。質の良い眠りを手に入れるためにも、香りの力を活用してみてください。

TIPS for LADIES

## 146 / 移動時間でプチトレーニング習慣を

ジムに行く時間がなくても、いつも必ず使う場所で身体は鍛えられます。一つは、空いているエレベーターの中。私は、エレベーターに乗っている間に太腿のスクワットをしています。太腿は筋肉量が多いので、スクワットを繰り返すことで全身の代謝を上げることができるのです。

スクワットと言っても高校の部活でやるような本格的なものではなく、バッグを両手で前に持ち、膝を軽く曲げ伸ばしするだけでOK。短い時間でも、5階分以上移動するなら10回はできるはず。とはいえ、他の人に見られると少し恥ずかしいので、エレベーターでは一番奥のポジションを確保しましょう！

また、通勤電車の中では「股関節回し」を。こちらはリンパが詰まっている股関節を動かすことでつまりを改善し下半身がスッキリしてきます。つり革につかまり、かかとを床に固定させてグルグルと股関節を回すだけなので、混んでいる電車でもできますよ。

TIPS for LADIES

## 147 ／「キレイになるお風呂＝半身浴」は間違い!?

リラックスのために半身浴を実践している人に、知っておいてほしいことがあります。実は、お風呂でリラックスできるのは、浮力を感じるから。つまり、お湯に深く浸かった方がリラックス効果が高いのです。

では、なぜ半身浴が良いとされているのか？　それは、半身浴は長時間浸かっていても心臓への負担が少ないからです。湯船に浸かる時間が短時間の場合は、半身浴よりも全身浸かった方が効果はアップするのです。

一方、朝風呂に入るなら、ぬるま湯ではなく熱めのお湯にサッと浸かるのがオススメ。交感神経を高め、一日のやる気を促してくれます。

TIPS for LADIES

## 148 ／白湯を飲んで代謝を上げる

身体を冷やすのは、代謝をダウンさせる原因に。外食でドリンクを注文するときは、「氷なし」でお願いするようにしましょう。また、水ではなく白湯を飲むとより効果的。ファミレスなどでは、お願いすれば水ではなくお湯を出してくれるところもあります。

「温かい飲み物なら何でも良いのでは？」と思うかもしれませんが、緑茶や麦茶、紅茶、コーヒーなどは利尿作用があり、飲みすぎると身体を冷やしがち。もちろん私も、コーヒーや紅茶は大好きですし、リラックスや気分転換のために我慢せずに飲んでいますが、温かくても代謝アップにつながらないことは覚えておくと良いかもしれません。

TIPS for LADIES

## 149／美食は味噌汁にあり

味噌汁は美容の強い味方。発酵食品である味噌を摂ることで腸のバランスが整いますし、野菜入りの味噌汁なら栄養バランスも期待できます。

定食を食べる時は、ご飯からではなく味噌汁を先に。真っ先にご飯をかきこむと血糖値が急激に上がり、肥満を招くインスリンが大量に分泌されてしまいます。また、味噌汁を先に飲んでおくことで満腹感が得られ、落ち着いておかずやご飯を食べられるというメリットもあります。

TIPS for LADIES

# 150 手首に香水をつけるのは、三流レディ

「香水といえば手首につけるもの」と思い込んでいる人は多いと思いますが、実はこれ、ＮＧだと知っていますか？

手首につけると、香りが強く残りやすいので、部屋が狭く、高温多湿の日本では「香害」になりがちなのです。また、手首は腕時計やブレスレットをつけていたり、家事などで汚れやすく、香水をつけるのに適した場所とは言えません。そのため、日本フレグランス協会でも、購入時などの香りや肌との相性を確認する時だけ手首につけるよう推奨しています。

では、手首の代わりにどこにつければ良いのでしょうか？　すれ違った時にほのかに香る程度に留めたいならウエスト、下からふんわりと香らせたいなら足首がオススメです。

また、すぐに人に会う場合や満員電車に乗る場合は、香りが強すぎないよう配慮を。身体に直接つけるのではなく空気中に香水を噴射して、その中を自分がくぐれば、心地よい適度な香りをまとえます。

TIPS for LADIES 151

## レディに「勝負下着」は存在しない

チャプター2でもお話ししたように、人に見せられないような下着は捨てるべきです。また、とっておきの「勝負下着」だけにお金をつぎ込むのではなく、いつ勝負が訪れてもいいような緊張感を持って下着を揃えてみてはどうでしょうか。

「白いパンツをはく日には、ベージュの下着じゃないと」という声が聞こえてきそうですね。でも、最近ではベージュでも、オバサン下着とは一線を画したオシャレなデザインのものが続々と登場しています。常に「見せてもいい下着」をつけることで、気分もアップしますし、緊張感で不思議と姿勢も良くなるものです。

TIPS for LADIES 152

## すすぎをサボるほど歯がキレイに！

歯を強くするフッ素配合の歯磨き粉を使っている人も多いことでしょう。ただ、歯磨き後に何度も口をすすぐと、せっかくのフッ素が流れ落ちてしまいます。フッ素を長く歯に留めるためには、すすぎは少なめに。15㎖の水で1回で充分です。

TIPS for LADIES

153

# 美人と凡人の違いは歯並び

歯並びは、顔の印象を大きく左右します。

実は、何を隠そう私自身もともと出っ歯で、長年、歯並びにコンプレックスがあり、口を開けて笑うことすら抵抗がありました。ですが、一念発起して矯正してからは顔の印象が変わり、人前で自信を持って笑顔を見せることができるようになったのです。

もし、歯並びに悩んでいるなら矯正を検討してみてはどうでしょうか。保険が効かないので費用はかかりますが、有意義なお金の使い方だと思います。平日に休みがとれるなら大学病院がオススメです。定額で治療ができるので安心して取り組めました。

TIPS FOR LADIES

# CHAPTER.6

TIPS 154-175

# レディの恋愛術

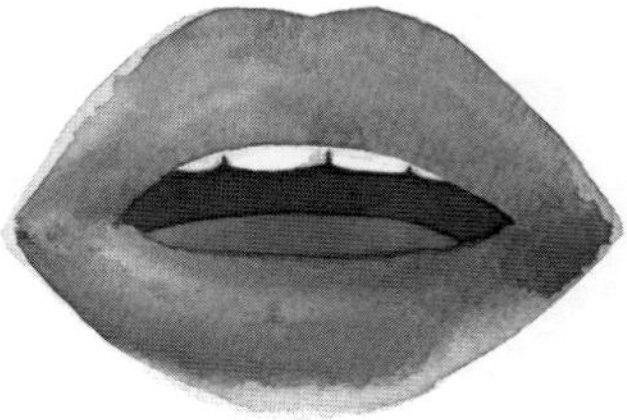

どんなに苦い思いを味わっても、また落ちてしまう――。それが恋ですよね。恋愛は、人生を豊かにし、人間的に成長させてくれるものでもあります。

とはいえ、恋愛は仕事以上に難しい側面も持っています。それは、マニュアルが通用しないことが多いからです。だから、「正しい恋愛」ばかりしている人はきっといないはずですし、それこそが恋愛の醍醐味でもあるのかもしれません。

ただ、ここぞという時の対処法やリスクヘッジの仕方を覚えておくだけで、苦しみが軽減されたり、ステキな出会いを引き寄せる可能性はグッと高くなります。

この章では、 私自身が、工学部で男性にちやほやされていた環境から化粧品会社という女性中心の世界に入ったとたん、出会いがなく、恋愛の仕方も分からず、苦労し続けた経験や、友人の女性や知人男性からリサーチした話をまとめました。あなた自身の過去や今の恋愛と照らし合わせながら、読み進めてみてください。

TIPS for LADIES 154

## 「他力本願」の恋愛は、壊れやすい

「この人が私のことを幸せにしてくれるはず」と、男性に幸せにしてもらうことばかりを求めていませんか？　このような他力本願の考え方はもうやめましょう。

恋人や夫に幸せを託して自己愛を満たそうとすると、託される方は重荷に感じるかもしれません。それに、自分の幸せが恋人や夫の行動に左右されることになります。思い通りに物事が運んでいるうちはいいのですが、上手く行かなくなった時に自力で軌道修正するのが難しく、崩壊しやすいのです。

あなたを幸せにできるのは、あなた以外の誰でもありません。そのことを忘れないでください。

TIPS for LADIES 155

## 結婚は「ともに不幸になれる人」とする

人生には思いもしないことが起きるもの。結婚した時には予想していなかったような不幸に見舞われるリスクは、誰にでもあります。一流企業に勤めていた夫が突如リストラされたり、会社自体が倒産する可能性もゼロではありません。はたまた、夫が事故や病気で働けなくなる恐れもあります。

相手の肩書や社会的地位、年収に惹かれる気持ちは分かります。それ自体は悪いことではありません。ですが、条件だけで相手を選ぶと、それを失った瞬間に結婚生活が立ちいかなくなってしまいます。

愛する彼とのどん底の生活を想像してみてください。それでも、この人と一緒にいたいと思えるなら、その男性は結婚すべき相手なのです。

TIPS for LADIES

## 156 / 万人ウケを目指さなくてOK

あらゆるタイプの男性からとにかくモテまくる友達、周りにいませんか？　このような激モテ女子は一見、とても羨ましく思えますが、よく考えるとそうでもないことに気づきます。

男性ウケが良いとされるファッションや振る舞いは確かにマイナス印象にはなりません。でも、無難で個性がない人に見られてしまうことも。多くの人から薄く広く好感を持たれるタイプは、逆に本命となるための決定打に欠けるのです。

さらに、「万人ウケする＝自分が興味もない男まで引き寄せてしまう」ということなので、いちいちデートの誘いを断るなど、本来必要のないことにまで労力を割かなくてはなりません。軽い人まで呼び寄せるよりも、自分の個性、良さを認めてくれて深く愛してくれる誠実な人と出会える方がいいのです。無理に自分を押し殺して万人ウケを狙う必要などないのです。

TIPS for LADIES

## 157 ／ 自分を高められる相手を選択する

「あげまん」「さげまん」という言葉がありますが、男性にも同様に「アゲ男」と「サゲ男」が存在します。

どんなに見た目がカッコよく、年収が高く、おしゃれな店をたくさん知っていても、精神的にあなたを疲れさせる男は「サゲ男」です。「サゲ男」と付き合っている時は、振り回されるがゆえに「私、恋愛してる！」という実感が得やすいのですが、次第に心が摩耗していってしまいます。

長い人生をともに歩める「アゲ男」は、あなたを応援したり時には叱ってくれるような、いわば精神的支柱となる男なのです。自分がのびのびと暮らせる、仕事に打ち込める、やりたいことができる環境を作ってくれる「アゲ男」を見つけましょう。

TIPS for LADIES

## 158 / 元カレや男友達の悪口を言わない

親しい男友達なら別ですが、気になる男性の前では、元カレの悪口はＮＧです。女性は、好きな相手の元カノについて知りたがりますよね。でも、男性は真逆で、元カレの話はたとえ悪口であっても耳にすること自体が嫌なのです。それは、「元カレがいた」という事実を想起させるからなのでしょう。

もちろん、過去に付き合っていた男性がいることぐらい頭では分かっていても、あえてそれをつぶさに知りたくないのかもしれません。

また、気になる男性には男友達の悪口を言うのもやめておきましょう。「別のところでは、自分の悪口も言っているかもしれない」と警戒される可能性もありますし、相手が奥手なタイプなら、異性関係が派手な女だと誤解を受ける可能性もあります。

TIPS for LADIES

## 159 / 相手の「恋愛の常識」を把握する

恋愛に対する考え方は人それぞれ。そして、その価値観を変えるのは結構難しいことだったりするものです。連絡やデートの頻度、同棲はアリかナシかなど、基本的なことが合わないと、寂しい思いをしたり、交際を続けるのが面倒になったりします。付き合う前に、トークの流れで相手の「恋愛の常識」を把握しておきましょう。もしあなたの常識と違っても簡単にあきらめないこと。自分が譲歩できる範囲か、相手が歩み寄ってくれそうな人間なのかを考えてみましょう。

TIPS for LADIES 160

## 妻にしたいのは料理上手より褒め上手

女子力を高めるために、料理教室に通って料理の腕を上げるのは悪くありませんが、すべての男性が「料理好き女子に惹かれる」というわけでもありません。むしろ、自分で料理できる男性の場合、作った料理を褒められることに喜びを感じるタイプもいます。逆に、どんなに料理上手でも、プライドが高くて男性を褒めるのが下手な女は愛されません。料理上手になるよりも先に、褒め上手になることを目指しましょう。

TIPS for LADIES 161

## ストライクゾーンは広げず、門戸を広げる

男性を大きく三つに分類すると、「タイプ！」「まあ、アリかも」「絶対ナシ！」に分

かれます。出会いを増やすには、タイプの男性を増やす――つまり、ストライクゾーンを広げよう、などとよく言われますが、これって実はすごく難しいことですよね。だって、タイプでもない人をタイプと思い込もうとしても、到底無理な話なのですから。

では、出会いを増やすにはどうすればいいのか？　それは、「タイプ」の男性だけでなく、「アリかも」を大事にすることです。「まあ、アリかも」と思う男性から誘われたら、とりあえずデートしてみましょう。「アリかも」が「いいかも！」に昇格する可能性は大いにあるのです。

一方、「絶対ナシ！」は、生理的に受けつけられなかったり、一緒にいて不快になる相手であることが多いので、「いいかも！」に昇格する可能性は限りなく低いです。「絶対ナシ！」だと思うなら、無理してデートする必要はありません。

TIPS for LADIES 162

## 〝査定〟するのは、恋の土俵に上がってから！

いろいろ出会いを求める中で、気になる男性が現れたとき、「この前会ったあの男性を好きになれるかな……」「元彼が気になって好きになれないかもしれない」などと、一度デートする前に「アリ・ナシ」で悩んでいる知人がいます。「さては、告白でもされたのかな」と思って話を聞いてみると、何と飲み会で知り合ったばかりで、まだデートもしていないし、ましてやデートの誘いすら来ていないと言うではないですか！

少々キツい言い方ですが、「選ぶ立場」ではないのに、あれこれと悩むのは時間のムダ。悩むぐらい気になっているなら、まずは誘ってもらえる方法を考えることに注力しましょう！

相手を査定するのは、アプローチを受けて彼をもっと知ってからでも充分間に合います。

TIPS for LADIES 163

## 出会いがほしいなら、まず同性を味方につける

恋愛においても、最終的に頼りになるのは女友達。というのも、いくら男性の知り合いが多くても、よほど親しい男友達でない限り、いい出会いを紹介してくれること

は稀だからです。「合コンを開いて」とお願いしても、たいてい幹事の男性にとって都合の良い男しか集まらなかったりしますよね。

それに、「男が男を見る目」よりも「女が男を見る目」の方が的確なことが多いものです。良い出会いを引き寄せたいなら、まず同性のネットワークを広げましょう。

TIPS for LADIES 164

## 「紹介運」を上げるのは、プレゼン力

私は「結婚したいからいい人紹介して」と頼まれることがとても多いのですが、そんな、仲介に慣れている私でも、少し困るケースがあります。

それは、「どんな人でもいいから」と言われること。これでは、どのような人がタイプなのかがまったく分かりません。しかも、「誰でもいい」という人に限って、いざ紹介したら「あの人はちょっと……」などと残念な結果になることもしばしば(笑)。

もし、異性を紹介してもらいたいなら、できるだけ具体的に要望を伝えましょう。「図々しいと思われるかな」と遠慮してはいけません。「何でもいい」のほうが、仲介者をずっと困らせてしまい、結果、いい人に巡り会うのが遅くなります。

仲介者にプレゼンするべきは、以下の項目です。

□ **自分が譲れない一番の重要項目**

顔、真面目さ、職業、年収、身長など
「これだけは絶対に譲れない」というものを一つだけ挙げる。

□ **年齢の許容範囲**

これは、相手の努力によって変えられるものではないので、必ず伝えるように！

□ **性格の方向性**

「女性に慣れていて気が利き、会話が弾む人」か、「口下手でも
真面目で安心できる人」。大きく分類するとどちらの性格がタイプか。

□ **すでに決まっているあなたの人生の条件**

「実家が稼業を営んでいるから、婿養子に来てくれる人じゃないとダメ」とか
「両親と同居することが決まっている」「仕事で全国転勤の可能性が高い」など、
あなたの人生においてすでに決まっている条件。

□ 好きな芸能人を2〜3人挙げる

より具体的なイメージが仲介者に伝わります。

TIPS for LADIES 165 / どんな出会いにも感謝する

ビジネス相手の紹介を受ける時と同じように、異性の紹介をお願いした時も、仲介者への感謝を忘れないようにしましょう。

もし、紹介してもらった男性が「絶対ナシ！」だと思っても、「センスのいいオシャレな人だったけれど、私とは合わないかな」などと、具体的に合わなかった点と1カ所ぐらいは良かった部分を伝え、「紹介してくれてありがとう」と、きちんとお礼を言うこと。

「あの顔、絶対ナシだわ〜。話も盛り上がらないし最悪」などと全面否定するのは仲介者に大変失礼です。仲介者は、あなたのためにわざわざ時間を割いています。それに、あなたにとっては「絶対ナシ」でも、仲介者にとっては大切な友人かもしれません。そのことを忘れて自分本位なことばかり言っていると、誰も紹介してくれなくなってしまうでしょう。

また、紹介された相手と進展があったら、仲介者への報告を忘れずに。仲介者は、自分が紹介した二人がどうなったのか気にしているものです。「付き合うことになった」という良い報告はもちろん、「デートしてみたけれど、私には合わなかったので断った」という気まずい報告でも、きちんと伝えるべきです。

TIPS for LADIES

## 166 / デート用メイクをマスターする

恋愛のために無理やり自分を変える必要はありませんが、メイクに関しては少し工夫が必要です。というのも、「可愛い」の基準は男女で大きく異なるからです。

たとえば、女性が好む赤リップ、つけまつ毛、太いアイラインは男性からは総じて評判が良くありません。また、ストーンがたくさん入ったゴツいネイルや、最近流行りの濃いチークも不評です。特に、交際がスタートしていない段階では、エレガントな大人の女性を演出できるようなナチュラルメイクを心がけたいものです。

TIPS for LADIES 167

## 意中の彼に狩りをさせるステップ

草食系男子が増えている昨今ですが、たとえ草食系に見える男性であっても、「意中の女を自分が追ってゲットしたい」という願望は持っているものです。とはいえ、草食クンに誘われるのを待っていては、なかなかアプローチをしてくれないかもしれません。

そこで、相手に追いかけてもらうためのステップをこちらから仕かけるのです。

①相手の趣味を聞き出す

まずは、どんなことに興味があるのかリサーチ。

自分の趣味について語るのではなく、相手の話にひたすら耳を傾けます。

←

②デートに誘う

相手の趣味を聞き出したら、「私も一緒にやってみたい！」と頼んでみましょう。

くれぐれも「〇〇君と一緒に行きたい」などと言わないこと。

これを言ってしまったら「好き」と告白したも同然。

あくまでも、彼ではなく「コト」に興味があると伝えるのが重要です。

泊まりがけで行かなければならないような趣味はハードルが高いので、ゴルフの練習場や映画、スポーツ観戦など手軽に行ける場所がオススメ。

### ③ 尊敬を伝える

デート中、「すごい！」「上手だね」「知らなかった」と、相手の自尊心をくすぐるような言葉で「尊敬している」という気持ちを伝えましょう。

「好き」ではなく「尊敬」というところがポイントです。

「好き好き光線」を出すのと、「好き」と直接口に出すのは大きな違いです。


こうして、「好き」を言わずしてデートを重ね、相手から「好き」を引き出すまで距離をジワジワと縮めてください。あなたが敷いたレールに乗っていても、男性は「自分が追いかけて落とした！」と感じてくれることでしょう。

TIPS for LADIES 168

## 本命の彼女になりたいなら手をつなぐのは、告白を受けてから！

「手をつなぐぐらい、いいじゃない」と思うかもしれませんが、きちんと告白してもらうまで、手をつなぐのは遠慮しておきましょう。手をつないだら、それだけで「告白しなくてもOK」というサインを男性に与えることにつながります。「これって付き合ってるの？　付き合ってないの？」と後で思い悩むハメに陥るかもしれません。「きちんと告白してくれないと付き合わない」というオーラを感じさせるためにも、安易に手をつなぐべきではないのです。逆にそうした態度が、「この子は、きちんとした子なんだ」という印象を与え、本命の彼女にしたいと思ってもらえるのです。

TIPS for LADIES 169

## 「ありのままの姿」は安易に見せない

男性はナチュラルメイクが好きだと先述しましたが、ナチュラルメイクと本物のすっぴんは別物ですよね。よほどすっぴんに自信があれば別ですが、そうでないなら、付き合ってからも、当分の間は本物のすっぴんは見せないでおくのがベター。

では、お泊まりの時はどうすればよいでしょうか？　正解は、顔を「すっぴん風」

に仕上げること。洗顔後、毛穴用の美容液を塗り引き締めておき、唇はワセリンでしっとりさせた後ティッシュオフをして余分な油分をとっておきます。眉だけはないとびっくりされてしまうので、眉毛が薄い人はリキッドでこっそり数本足しておきましょう。逆に多い方は透明のアイブロウコートなどで毛流れを整えておきましょう。寝化粧と違い、スキンケアのアイテムが中心なのでお肌にとても優しいのもポイント。こうすれば限りなくすっぴん風なのにアラは隠せる「スーパーすっぴん」の完成です。

TIPS for LADIES

## 170 / 「恋愛はすべて結婚に通じるものではない」ということを知る

どんなに好きでも、人生における条件が合わなくて結婚できない相手というのは存在します。若い時というのは、付き合うだけでもとても意味があり、彼との時間はかけがえのないものとなります。ただ、20代後半からの恋愛というのは、相手も自分も結婚を意識しています。

先に挙げたように、「婿養子が前提」など、どうしても変えられない人生の決定事項があるなら、できれば付き合う前に早めに伝えるべきです。

実は私も長年友達だった人から告白され、付き合いたいと思ったことがありました。

ただ、相手は「働かずに家に入ってほしい」、私は「一生働きたい」というところが合わず、最終的にこれ以上深くなると別れる時に辛くなるからという話になり友達のままでいることを選びました。また、私の友達には、8年間付き合ってきたけれど、長男・長女の婿養子問題が解決せず、別れて別の相手と結婚した人もいます。

「これを知られたら、付き合えなくなるかもしれない」と恐れるあまり、ずっと隠しておくのは、現実逃避にすぎませんし、相手の時間を奪うことにもつながります。もし、あなたが結婚したいなら、結婚後も働くか、転勤についていくか、家を継がないといけないのか、他県出身なら最終的には生まれた土地に戻りたいのかなど、生活の根本となるところはさりげなく日常会話の中で確認しておきましょう。

TIPS for LADIES

## 171 / 不倫は悪魔の誘惑

既婚男性の口説き文句ほど信用できないものはありません。「妻とは上手くいってない」「離婚を前提に話を進めている」は、99%ウソだと思っておいてください。というのも、私は、この言葉を信じて苦しんでいる友人をたくさん見てきたからです。

「本当に離婚して、恋人と一緒になる男性もいるはず」と思うかもしれませんが、それは本当に稀な例です。しかも、そこに行きつくまでには、壮絶なまでの離婚バトルがあるかもしれませんし、その後も長年、子供との面会や養育費についての問題がついて回ることも。

さらに、妻の怒りを買い、愛人が慰謝料を請求されるケースも少なくありません。

家庭がある男性と付き合っている人は、そういった諸問題を乗り越えてまで一緒になりたい相手なのかどうかを今一度考えてみましょう。

TIPS for LADIES

## 172 / 恋愛は「ネガティブ・シンキング」が吉

女性はどうも、恋愛に関することになると異様なほどポジティブシンキングになる生き物のようです。たとえば、前項で挙げたような不倫男の口説き文句もアッサリ信じ込んでしまうのは、「恋は盲目」で冷静さを失っているからなのでしょう。

こんなケースに遭遇したことはありませんか？

・「付き合って1年経つけど、彼の部屋に行ったことがないの。デートはいつもホテル。でもそれは、部屋が汚いから見せたくないのかも」
↓ 同棲している彼女がいるのかも……。

・「彼が私を友達に紹介しないのは、自分のプライベートをあまり見せたくないからなんだって♡」
↓ 他に彼女がいるのかも……。

冷静に分析すれば、すぐに矛盾に気づくはずなのに、自分の恋愛となるとついついポジティブな方向にばかり物事を考えようとしてしまいます。もし、「おかしいな?」と感じることがあるなら、本音を言ってくれる親友に相談を。第三者の冷静な意見をしっかり受け止めてください。

TIPS for LADIES
## 173
## 社内恋愛をするなら破局を想像してから

相手の本性が見えやすく、仕事に対する理解も深めやすい社内恋愛は、結婚にも結びつきやすいといわれます。でも、結婚まで辿りつかずに破局を迎えた時は、地獄の苦しみを味わう可能性も！　嫌でも毎日顔を合わせなければならないし、職場であれこれと噂されて「針のムシロ状態」になるかもしれません。最悪の場合、会社にいづらくなって退職してしまう人もいるほどです。

社内恋愛をするなら、別れた時のことを想像してみてください。そして、互いに結婚の意志が固まるまでは信頼できる上司や同僚以外にはオープンにしないほうがベターです。そうすれば、たとえ破局しても、ダメージが軽くて済みます。

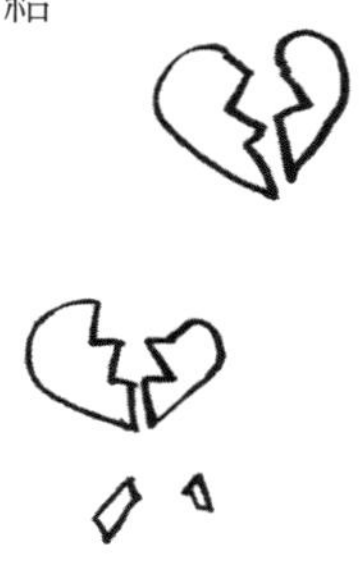

TIPS for LADIES
## 174
## 失恋は今が底と思えば楽しくなる

大好きだった相手にフラれる……。これほど、辛く悲しいことはありませんよね。
実際、私も想いを寄せていた人にこっぴどくフラれたことがあります。その時は、自分がみじめで情けなくてかわいそうで、消えてしまいたいほどの衝動に駆られたものです。でも、よく考えてみてください。こんなに傷ついたのだから、これ以上のどん底には落ちようがないはず。フラれた瞬間から、あとは上向きにしかならないのです。今からは、今より楽しいことしか起こらないと思うと逆にワクワクしてきます。

そして、友人に泣きついて話を聞いてもらうのは、失恋から1カ月限定に。風邪と同じで、長引かせると症状が悪化して、次の恋愛になかなか進めなくなってしまいます。

TIPS for LADIES

## 175 ⁄ 過去の自分をアップデートする

仕事で失敗をしたら、原因を考え、対策を練って教訓にしますよね。同様に、恋愛においても一つの恋が終わったら、それは良い恋愛だったのか、なぜ失敗してしまったのかを冷静に思い返してみましょう。「考えても辛くなるだけ」と思うかもしれませんが、次の恋愛には過去の反省を活かし、自分をアップデートするべきです。

その際に注意したいのが、自分を否定しないということ。恋愛は就職活動と同じ。本人が素晴らしいかどうかよりも、相手が求めているものだったかどうかの方が重要です。絶世の美女よりもほっこり落ち着く相手を求めている人もいます。あなたはあなたのままでいいのです。彼と合わなかったところがどこだったかが分かれば、今度は、そのポイントがずれていない相手を探せばいいのです。

TIPS FOR LADIES

# CHAPTER.7

TIPS 176-194

# レディの
# お金との付き合い方

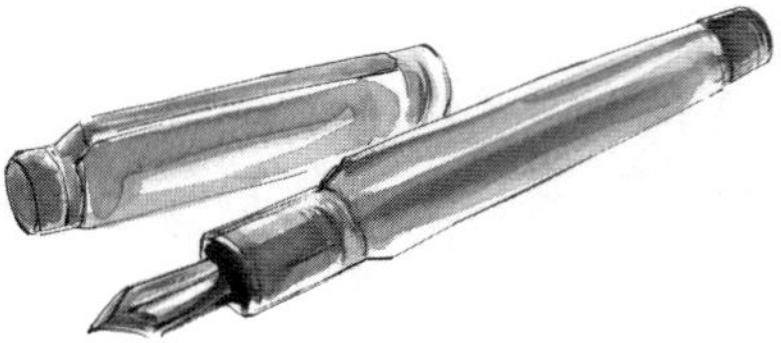

「お金持ち＝幸せ、貧乏＝不幸」とは限りませんが、「お金の管理ができないこと」は、不幸だと断言できます。

金銭の管理は、社会人として絶対必要な能力です。

同時に、矛盾するようですが、お金は貯めるだけでなく使ってこそ価値が出るものでもあります。私は倹約家の家庭で育ったため、子供の頃から節約の精神が身についていました。ただ、そのせいで、何でもかんでも節約してしまい、有意義なお金の使い方ができなかったり、少額の出費を渋ったあまりに後で余計にお金がかかる……などということも。大事なのは、出費を抑えるだけでなく、いかにムダなくお金を使うか。会社を経営するようになり、周囲の人たちからアドバイスを受ける中で私はそのことを学んだのです。

金銭管理は、一種の特技のようなもの。もともと管理能力が高い人もいれば苦手な人もいます。でも、どんなに苦手でも基本事項さえマスターできれば問題ありません。お金に対する感度を上げ、賢い使い方を知っておけば、誰でも必ずお金と上手に付き合えるようになるはずです。

TIPS for LADIES
176

# 自分への「理由なき出費」を撲滅する

節約は大切ですが、お金を使うこと自体は悪ではありません。

たとえば、勉強会に行ったり、交友範囲を広げるために使うお金は必要経費。未来の自分に投資するためのお金です。こういったものまでケチりすぎると、将来得られるかもしれない可能性とともに、それに伴って得られるお金も失うことになるのです。

問題なのはお金を使うことではなく、「なんとなくお金を使うこと」なのです。

たとえば、安くなっているからと気に入らない服を買ったり、仕事のストレス発散に高額なブランド品をバク買いしていたり、ほしいものがなくても会社帰りにコンビニに寄るのが日課になっていたり……意外と知らず知らずのうちに出費をしているものが多いのです。

もし、すぐに理由が思い浮かばないなら、それは必要のない出費ということになります。これを考える習慣をつけると、漠然とお金を使うことがなくなるはずです。

また、自分の月収から時給がどれくらいになるかを考えておくのも重要です。買うべきか迷うものがあれば、それが自分の時給の何倍にあたるのか、その時間働いてもほしいと思えるものなのかを考えてみましょう。おのずと、その金額を払うだけの価値のあるものかどうかが見えてくることでしょう。

TIPS for LADIES
## 177 / 自分に「節約」、他人に「投資」

節約は良くてもケチはダメです。

ホームパーティに招かれた時に「お金がないから」と手ぶらで行ったり、スーパーの値引き惣菜を持って行ったりすれば、「ケチ」というレッテルを貼られてしまいます。

私も自分には節約しますが、社員へのお土産、後輩へのご馳走、女子会でのプレゼント品など、他の人には、よりいいもの、喜ばれるものを準備し、お金は使うようにしています。節約するならまずは、自分だけで解決できることから始めましょう。

TIPS for LADIES
## 178 / 月初にその月の生活費をまとめて引き出す

財布に現金がなくなるたびにチョコチョコとATMで引き出すのはやめましょう。1回あたりの金額は少なくても、引き出す回数が多

ければトータル金額は増えますし、「何にいくら使っている」のかが把握できていないまま、漠然とお金を浪費することにつながるからです。

対処法は、毎月1日に1カ月分の生活費を引き出して財布に入れ、この金額の範囲内で月末まで生活すること。常に残金が財布で確認できるので、自分をセーブすることができます。ここでいう生活費とは、食費、交際費、生活雑貨や娯楽費用など自分の意思でコントロールできる費用のことです。まずは先月の生活費がどれだけかかったのかをざっと計算し、目安となる金額を設定しましょう。

一方、光熱費や携帯代など、毎月定額でかかるものについては、クレジットカードを一つ決めておき、そこから引き落とすことでポイントを貯めましょう。

「ついつい月初に使い過ぎてしまう」という人や、盗難や紛失が怖いので現金をあまり持ち歩きたくない人は、1カ月分の生活費を引き出したら、4分割して封筒へ。自宅に保管し、1週間ごとに財布に入れていくようにしましょう。

TIPS for LADIES
## 179 「給与天引き」で貯蓄&節約を両立

「お給料から生活費を引き出し、その残りを貯めようと思っても、ほとんど残ってない」

なんてことはありませんか？　だったら、貯蓄専用の口座を開設し、給料が入った瞬間に自動的に天引きして貯蓄口座に貯める仕組みを作っておきましょう。

財形貯蓄制度がある会社なら、利用しない手はありません。引き出しなどの制限はありますが、金利面での優遇など様々な特典があります。

財形貯蓄制度がないなら、自動積立預金を。毎月の給料日に、決まった額を定期預金口座に振り替えるのです。ポイントは、給与の振込口座がある銀行を利用し第二口座に移すこと。別の銀行にしてしまうと、振り替えるたびに手数料がかかってしまいます。銀行の総合口座などを利用して簡単に申し込めるので、窓口で相談してみましょう。

天引きする金額は、手取り給与額の2割が目安。最初から張りきりすぎると、生活が苦しくて続かなくなってしまうので、まずは2割からスタートし、余裕があるなら徐々に金額を引き上げても良いかもしれません。たとえば、手取り金額が25万円なら、月5万円なので、1年間で60万円貯まる計算になります。

先取り貯蓄のメリットは他にもあります。それは、自由に使える生活費の額が減るので、その金額の範囲内で生活しようとする習慣が身につくこと。貯蓄と節約を両立させるスペシャルな方法なのです。

TIPS for LADIES 180

## 大切なのは、「羨ましい」ではなく「自分に合うか」

ステキな服を着ている友人を見ると、「いいなぁ、あの服、私もほしい！」と瞬間的に思ったりしてしまいますよね。でも、少し考えてみてください。友人が似合っているからといって、その服が自分も似合うとは限りません。まずは、自分の理想像を女優さんやモデルさんで決めて、その人がしているコーディネートから自分が買うべき系統の服を絞り込んでおきましょう。

同様のことは服だけではなく、雑貨などにも当てはまります。ショップにコーディネートされているインテリア雑貨はどれも可愛く見えますが、自分の部屋に似合うか、はたまた自分の生活にふさわしいものかは別問題。まずは、インテリア雑誌やイケアの展示ルームから、自分の部屋のテイストを何で固めるのかを決めましょう。それに合わないものは、どんなに可愛くても買うのは思い留まりましょう。逆に、買った後、気に入ったのに一度も使われないという悲しい運命をたどる可能性があります。「いいなぁ」の感情で買い物をすると、結局使わなかったりして後悔する確率が上がります。「羨ましい」は、物を購入する際の基準にしてはいけないのです。

TIPS for LADIES

# 181 後悔しない服の買い方を覚える

たくさん服を持っているのに、なぜかいつも着ていくものに困る。そんな人は、服の選び方を間違っているのかもしれません。一目惚れや、その場の思いつきでほしい服を買っていると、「可愛いけれど使えない服」がクローゼットに山積みになってしまいます。本当に使える服を買う法則を覚えておきましょう。

**● 「ほしい」と思ったら、試着室で自撮りチェック**

店員の「お似合いですよ〜」の声に乗せられる前に、本当に似合っているのか自分の目で確認します。率直な意見をくれる毒舌気味の友達に写真を送って相談するのもオススメです。

**● 店員にコーディネートを数パターン提案してもらう**

これは、自分のワードローブで着こなせる服か確認するためです。組み合わせるアイテムの中に、手持ち服に近いものがあるかチェックしましょう。逆に、「黒いボトムが多い」「濃い色のデニムと合わせたい」

など、こちらから自分のワードローブを説明するのもアリ。

● 洗濯表示をチェック

夏物のトップスのように、頻繁に洗う必要があるなら、自宅で洗濯できるものを。そうでないとクリーニング代がかさみます。可愛くても手入れに手間がかかるものは、どうしても出番が少なくなり、タンスの肥やしになりかねません。

● アクセサリーは仕事とプライベート、両方使えるものを

アクセサリーを選ぶ際は、つけるシーンを思い浮かべましょう。プライベートでしかつけられないようなアクセサリーでは、必然的に活躍度は下がります。凝ったデザインのものもステキですが、結局パールなどの定番モノが仕事でもプライベートでも一番活躍します。

TIPS for LADIES 182 / 買うよりシェアする

都心に住んでいるなら、マイカーを持たずにカーシェアリングを利用している人もいることでしょう。同じように、購入費用や維持の手間暇と使用頻度を天秤にかけた時に、買う必要がないものは、他にもあります。

・自動車や自転車

月1～2回、しかも短時間しか乗らないのであれば自動車や自転車シェアリングがお得です。メンテナンス費用や車検を考えるとはるかにコスパがいいのです。

・結婚式などに着ていくパーティワンピ

せいぜい年1～2回着るか着ないか程度なのに、デリケート素材なのでクリーニング代は高かったりしますよね。しかも、「出席者がかぶる結婚式に以前着たワンピを着ていくのがためらわれる」なんてことも。その都度買っていたら、一回しか袖を通していないものが何枚も溜まってしまいます。手持ちのパーティワンピは、ベーシックなタイプが一枚あれば充分。あとは、その都度レンタルで。

インターネットで簡単にレンタルできる専門ショップがいくつもあります。

TIPS for LADIES

## 183 / ハイブランドをカジュアルに着こなす

女の子なら誰もが憧れるハイブランドを買うなら、アクセサリー、時計、財布、バッグなど長い間使えて、目立ち過ぎない小物アイテムがオススメ。これらをあえてカジュアルな服装と組み合わせると、全身ブランドで固めたコーディネートより、センスが良くオシャレに見えます。

白いTシャツにクラッシュデニム、ピンヒールのカラーパンプスに、ハイブランドのバッグや時計。これだけで頑張り過ぎないオシャレができますよ。

TIPS for LADIES 184

## 黄ばんだ高級品より、真っ白なプチプラを

私は、仕事のイメージカラーとして白を着ることが多いのですが、白い服はほとんどユニクロやH&Mなどのファストファッションで調達しています。なぜなら、白い服は食べこぼしや雨の日の泥はねで即アウトになる危険をはらんでいる上、黄ばむリスクも高いからです。常にキレイな白を身に着けていたいので、汚れたらすぐに買いかえられるぐらいの値段のものを選んでいます。

白い服が清潔に見えるのは、汚れがないからこそ。黄ばんだブランド服よりも、真っ白なプチプラ服のほうが、よっぽど美しく見えるのです。

TIPS for LADIES 185

## お作法は三ツ星レストランのランチで身につける

憧れの高級レストランは、ランチでの利用からがオススメです。ディナーよりはずいぶん手頃な値段でその店の味やサービスを経験できるのでお得感がいっぱいです。

普段は敷居が高いと感じる三ツ星レストランのランチを利用して、本当のお呼ばれに備えて立ち振る舞いを勉強してみてください。

☆☆☆

TIPS for LADIES 186 / おいしさを決めるのは、値段ではなく相手

近所のラーメン屋さんでもファミレスでも、一緒にいて楽しい人がいれば最高の食事になります。おしゃれな高級レストランに足繁く通うことよりも、「この人とだったら、どんな店でもおいしい！」と思えるような相手をたくさん周囲に持つことのほうが大事です。

TIPS for LADIES 187 / 食材や家電に投資しておうちご飯を盛り上げる

自炊派の人なら、外食にお金がかからない分、食器や家電に投資してみましょう。カフェ顔負けのコーヒーメーカーや、海外のステキな食器などをそろえれば、おうちご飯のテンションがアップします。

また、たまにはスーパーではなくワンランク上の専門店で高級な食材やワインを買ってみると、お腹も心も満たされます。外食に使う金額を考えたら、決して贅沢すぎることはありません。

TIPS for LADIES 188

## 旅先では、衝動買いが吉

「買い物はじっくり考えてから」と先述しましたが、唯一、衝動買いをしたほうがいい時があります。それは旅行中。

旅先での出会いは一期一会です。ときめくものに出会っても、翌日にはその場に来られないかもしれません。移動が多くて旅程がパンパンに詰まっているならなおさらです。

また、お土産なども「これいいかも」と思ったら、即座に買ってしまいましょう。そうでないと、最終日にショッピングに追われ、観光を楽しめなくなってしまうからです。

TIPS for LADIES 189

## 月に1回はおうちエステ

洋服などと違って日常的にエステに通うのは経済的にも時間的にも大変ですよね。そんな時は、節約しながらストレスも発散でき、自分もキレイになれるおうちエステ。

おうちなので誰にも気を遣う必要がなく、出かける手間もいりません。月1回おうちエステの日を決めましょう。

お気に入りのキャンドルをたきながら半身浴、スチーマーをつけながらイオン導入やコットンパック、ハーブティーを飲みながら、ボディオイルで丁寧なフットマッサージもオススメです。普段、ケアを怠りがちな爪の先端のネイルケアやペディキュア、足の角質ケアもお忘れなく。

温めたお湯にタオルをつけて軽く絞ったら、ビニール袋に入れて口を閉じるだけでホットパッドが完成。アロマポットでお気に入りの香りを楽しみながら、このホットパッドを血液が集まるお腹にのせるだけで、ぽかぽか癒やされるエステルームが完成します。

TIPS for LADIES
## 190 / 収入を増やすことにも目を向ける

お金を貯めるというと、節約ばかりが思い浮かびますが、お金を増やす方法は節約だけではありません。「今あるお金をいかに使わないか」から視点を変えて、「今の収入をいかに増やすか」を考えてみましょう。安定しながら少しお金が入ってきたらいいなぁと思っている方には、副業もオススメ。勤務先が副業を認めているなら、空いている時間で副業にトライしてみてはどうでしょうか。一口に副業といっても、クラウドソーシングや雑貨のハンドメイド販売など趣味を兼ねクリエイティブな能力を活かす仕事から、アフィリエイト、データ入力、商品モニター、通信教育の添削、空き部屋貸し出しなど様々なジャンルのものがあります。できるだけ初期費用がかからず、手軽に始められるものを選んでみてください。1カ月あたりはわずかな金額であっても、コツコツ続けていれば、「ちりも積もれば」で、まとまった額になるはずです。

TIPS for LADIES 191

## 読書のためのお金は惜しまない

勉強会などと同様に、本にかけるお金も自分への投資の一つ。「インターネットだけで充分」と思うかもしれませんが、ネット上に溢れる情報は誰が書いているのか分からなかったり、根拠が不明だったりするものも多く見受けられます。

本はその道の専門家の意見やノウハウをとてもお得

な値段で学べるもの。特に、私は自己啓発本が好きで、そこから学んだことを仕事に活かしています。また、知識のアップデートのためには、定期的に美容本を読んで勉強することも欠かせません。

興味がある分野の本には、ぜひお金を投資してください。それが、あなたの血となり肉となって、未来の収入アップや人生を豊かにすることにつながるはずです。

TIPS for LADIES

## 192 ／ お金で時間を買う

誰にでも平等に与えられているもの。それが時間です。ただ、時間はお金で買えることを忘れてはいけません。

たとえば、タクシーに乗ること。一見ムダなようですが、実はとても有意義なお金の使い方ではないでしょうか。駅から離れた場所に行く時、路線バスでは時間が読めないし、歩けば当然時間がかかります。また、直線距離だと近いのに電車に乗ると遠回りになる場所に行く時も、大幅に時間を節約できます。雨の日なら靴やパンツが汚れるリスクも減りますよね。

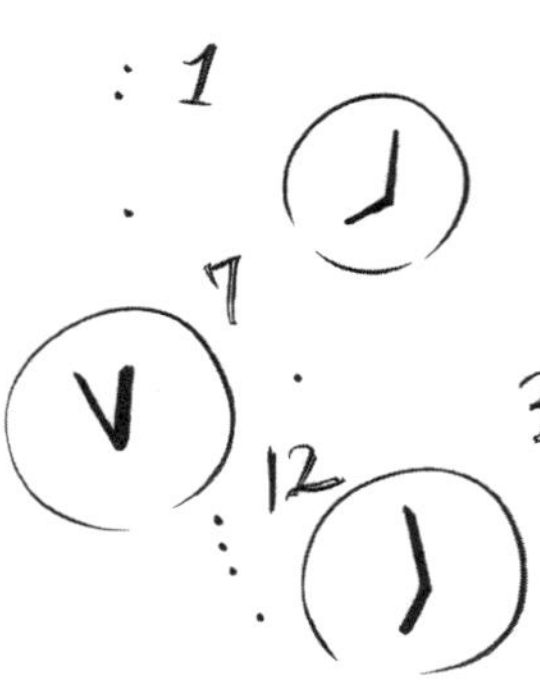

家事の手間を減らしてくれる家電も、時間節約の大きな味方。たとえばルンバなどのお掃除ロボットがあれば、仕事に行っている間に掃除が終わります。また、乾燥機能つき洗濯機なら、夜寝る前にスイッチを入れておけば、朝洗濯物ができ上がっているので、干す手間がかかりません。このような便利な家電の力を借りて節約した時間は、睡眠や読書、副業などの時間として有意義に使うことができます。

時間を捻出するために使うお金は、決してムダではないのです。

TIPS for LADIES

## 193 / 現在の円の価値を認識しておく

「今日は1ドル何円ですか?」と聞かれて、すぐに答えられる人はどれだけいるでしょうか? 「そんなこと知っていても役に立たない」と思っているなら、それは大間違いです。

外為市場における円の価値は、私たちの生活に密接に影響しています。

たとえば、円高なら一般的に輸入品が値下がりするので、ワインやチーズなどの輸入食料品や海外の高級ブランド物が割安になりますし、海外旅行はお得感が増えます。私も毎年同じ時期に、韓国に化粧品の市場調査に行っているのですが、円安のときはガラガラだった飛行機が円高になると1カ月前でも全く予約ができず、行くことができなかったぐらいです。こんなに影響があるのかと正直驚きました。

一方、円安になれば、輸入品やガス代などが値上がりして生活を直撃しますが、輸出が活発になるので輸出関連企業ならボーナスがアップする可能性もあります。また、訪日外国人観光客が増えるため、観光業の人ならメリットを実感できる機会もあるでしょう。

このように、私たちは生活のいたるところで円高・円安のメリットとデメリットを享受しています。ぜひ、為替相場の変動を意識した生活を送ってみてください。そうすることで、外貨預金にも目が向くようになるかもしれません。

## TIPS for LADIES 194 / 10万円の株を買う

金融商品に興味があってもどうしたらいいのか分からない人は、株式投資を始めてみましょう。自分が参加することで、より経済への関心が湧く可能性大です。

投資のプロの知人に聞いたところ、初心者は10万円の株を買うのがオススメなのだそうです。10万円以下だと買えない株も多く、1、2万円程度の株ならリスクも高くはないので、毎日、株価をチェックしなくなる可能性があります。かといって株式投資は失敗する可能性もあるので、10万円以上だと初心者にはリスクが高く、ハラハラドキドキして仕事どころではなくなってしまいます。自分なりに手ごたえがつかめるまでは金額は増やさないほうが無難です。

TIPS FOR LADIES

# CHAPTER.8

TIPS 195-202

# レディの
# 家族との付き合い方

社会に出て一人暮らしをしてみると、親のありがたさが身に沁みて感じられるものですよね。それでも、多くの人にとっては「親はいてくれて当たり前の存在」。仕事や恋愛などに比べると、どうしても親の優先順位は下がりがちです。

ただ、多忙な毎日の中でも少しだけ考えてみてください。あなたが今ここにいられるのは、間違いなく親のおかげだと思うのです。

親との確執を抱えている人もいるかもしれません。うんざりすることだってあるでしょう。後述するように、私自身も結婚に反対され、親とのわだかまりを抱えたことがありましたが、それを乗り越えたからこそ、幸せをつかめたのだと思っています。

この章では、私の経験や知人の成功談から家族との付き合い方をまとめました。大人のレディとして、家族と上手に関わっていく術を覚えましょう。

TIPS for LADIES
## 195 / アニバーサリーをLINEで済ませない

家族の誕生日、父の日や母の日などには、LINEのメッセージではなく電話&カードを。これだけLINEやメールが発達した現代では、電話をする機会がとても少なくなっていますが、肉声だからこそ伝わる温かさがあります。せめてアニバーサリーの時ぐらいは、電話で声を伝えたいものです。

また、プレゼントと一緒に手書きのメッセージを書いたカードを贈るのも心が込もっていてステキですよね。親から「カード届いたよ」というメールが来たら、こちらから電話して、声でも「おめでとう」や「ありがとう」を伝えましょう。

TIPS for LADIES
## 196 / お中元&お歳暮は最低限のマナー

実家を出て暮らしている人は、お中元やお歳暮を実家に送っていますか？　私は当然のように送っていたのですが、東京の知人に聞くとほとんどの人が送っていないことにビックリしました。育ててくれた親への最低限の心遣いだと私は思っています。「わざわざ親に送らなくても」と思うかもしれませんが、結婚すると、義理の両親に

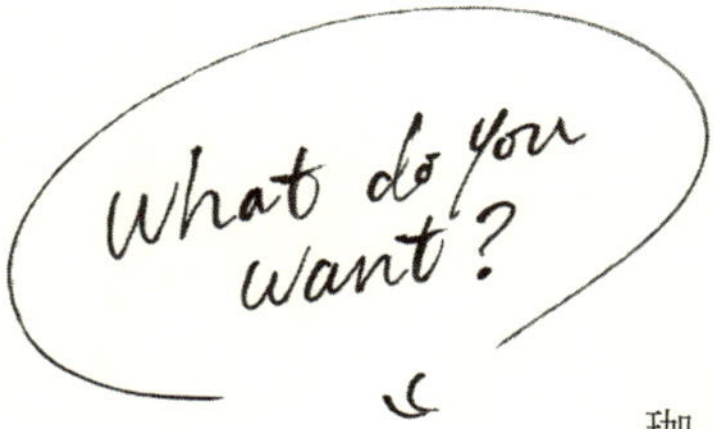


このような細やかな気遣いをすることがとても大切になってきます。今から自分の実家に贈って慣れておきましょう。

それに、季節の挨拶は、離れて暮らす親に年に2回、感謝の気持ちを伝える良いチャンスです。私は、自分の両親、夫の両親にはお中元とお歳暮を贈り、姉や妹には正月に帰省する際にお年賀を持って行くようにしています。

贈る品物は、実家の状況を考えて選びましょう。たとえば、ボディソープを愛用しているのに、せっけんのセットを贈っても邪魔なだけですし、両親二人だけの暮らしであれば、大量の生ものを贈ってもムダになってしまいます。何を贈って良いのか迷う時は、「欲しいものある?」と正直に聞いてみるのも手です。「オーガニックの珈琲がいい」とか、「普段買える物ではなく名産品の洋菓子がいい」など、自分が想像していたものと全然違っていて驚きましたが、事前に聞いておいて本当に良かったと思いました。

TIPS for LADIES 197

## 親孝行は、物やお金より私自身

お中元やお歳暮を贈るのも大切ですが、もっと大事なのは、帰省して顔を見せること。できれば年に2回は帰省しましょう。親にとっては、あなたの元気な姿を見られるのが、最高のプレゼントなのです。遠いから、お金がもったいないから、忙しいからと何かと言い訳をして帰省しない人が多いですが、自分の親が病で倒れたことを想像してみてください。きっと、後悔が残ることでしょう。

また、帰省した際には、自分の近況を伝えると同時に、親の話も聞いてあげること。特に、母親は娘にあれこれと相談したいことが溜まっているかもしれません。娘にしか話せないこともあるはずです。

たとえ、ご近所さんの愚痴であっても「そんなこと、どうだっていいじゃない。くだらない！」と一喝せずに耳を傾けてあげましょう。あなたが、職場の愚痴を言ってスッキリしたいのと同じなのですから。

TIPS for LADIES 198

## 墓参りや法事への出席は、結婚後の自分に必ず役立つ

帰省したときには、必ずご先祖様のお墓参りを。法事にも欠かさず出席したいものです。

ご先祖様に感謝するのはもちろんですが、このような行事に出席することで、親戚付き合いも深まりますし、一族や地域のしきたりを学ぶこともできます。

葬儀や法事などでは、男性と女性では果たす役割が違います。会場の設営などの力仕事は男性が受け持ち、女性にはお茶や食事の準備、お花の手配など細々とした仕事が待っています。

結婚後は、夫の実家の行事に参加する必要が出てくると思いますが、その際、あなたは頼みの綱の夫とは別の持ち場を任される可能性が高いのです。その時に備え、行事での働き方を今から学んでおくためにも、きちんと出席して経験を積んでおくと良いでしょう。

TIPS for LADIES

## 199 / 親の意見は受け止めても、判断するのは自分

親があなたに苦言を呈すのは、親なりの理由があります。どんなに耳が痛いことや「それはおかしい」と思うことであっても、まずはきちんと親の言い分を受け止めま

しょう。

とはいえ、あなたの人生を決めるのはあなた自身です。親に反対されたからといって、すべてを諦めなければいけないわけではありません。

自分が心から納得できていないのに、「親に反対されたから」という理由だけで諦めると、何かにつまずくたびに、人生が上手く行かないことを親のせいにしてしまいます。それは、親にとっても自分にとっても不幸でしかありません。ただ、一番の自分の味方の親が言ってくれる言葉というのは、本当に自分のことを考えた上で言ってくれていることなので、まずは、ありがたく受け止めることが重要です。その上で、判断するのはあくまで自分の意志で。その代わり、決めたことには責任を持ちましょう。そして親には自分の熱意を伝え時間がかかっても理解してもらえるように努力するべきなのです。

TIPS for LADIES
## 200 / 実家は「駆け込み寺」ではない

定期的に実家に帰省するのは大事ですが、上手く行かない時だけ実家に駆け込むのは考えもの。DVなど身の危険を感じる場合は別として、彼氏や夫と少しぐらいケンカしただけで実家に帰っていると、実家が「都合の良い逃げ場」になってしまいます。

特に、結婚している人ならそれなりの決意を持って一緒に人生を歩むことを選択したわけですから、ケンカのたびに安易に実家に戻って親に泣きつくべきではありません。心地良くて、特にそこまで怒っていなかったのについ長居してしまうこともあります。どうしても家出したいなら、ホテルに泊まるか友人を頼り、一度頭を冷やしましょう。

実家に駆け込むデメリットはもう一つあります。それは、必要以上に事態が大きくなってしまうこと。なんだかんだ言って、親は自分の子が一番可愛いのです。あなたが夫とケンカしたと聞けば心配しますし、どうしても娘の肩を持ちたくなるでしょう。そうやって夫婦ゲンカに親を巻き込むと、火に油を注ぐ結果になりかねません。

最初はたいしたケンカではなかったのに、夫と妻双方が両家の親に頼ったために親同士の代理戦争になり、こじれにこじれて離婚……というパターンもありうるのです。

TIPS for LADIES
201

## 義理の家族は、別の惑星の住人だと考える

結婚すると、自分の常識が通用しないことがたくさんあると痛感させられるシーンは多いものです。特に、義理の実家との付き合いでは悩む人もいるかもしれません。私の母と祖母もそれぞれ異なるしきたりや伝統を持った家で生まれ育ったので、意見が合わないことも多かったように思います。ただ、「郷に入っては郷に従え」という言葉があるように、その地域や家族が受け継いできた文化や習慣は最大限尊重するべきです。

また、「なぜこんなことするの?」と戸惑うのは、自分の価値観だけで物事を見ているから。外国人や別の惑星の住人だと考えれば、「この国ではこういう文化なのか」という新しい発見が楽しくなるはずです。そして、その異なる文化を否定せず、新しい価値観を知れるチャンスだと思えば、とても興味深く尊重し受け止めることができるのです。

私の実家では、犬をペットとしてではなく、番犬として外で飼うのが常識でした。

ところが、夫の実家に行くと犬がソファーに座っているではありませんか。私は、番犬にスカートを噛まれたりなど、犬に対して怖いイメージしかなかったので、最初は衝撃を受けたのですが、今では、ワンちゃんが隣に座るのが可愛くて癒やされていま す。このように、新しい考え方や価値観を見つけるのがおもしろくて、ご両親に会う度に、夫がどんな生活をしてきたのかを聞くのが楽しみです。

狭い日本といえども、育ってきた環境はまるで違うはずです。自分が味わったことのない新しい価値観が逆に心地良いこともあるはずです。それを否定せず、受け止めた時、新たな感動が待っているかもしれません。

TIPS for LADIES

## 202 ⁄ 記念日を男性任せにしない

たいていの男性は記念日に無頓着です。それが、結婚して月日が経てばなおさらのこと。誕生日や結婚記念日など大切な日を忘れられるとショックですよね。

そんな時は、「この日は何の日でしょう?」と思い出させてあげるのも◯。日にちを忘れているだけで、思い出したら「どこに行こうか?」など、一緒に考えてくれるかもしれません。また、自分がやりたいことがあるなら伝えてあげるのもオススメです。

付き合ってすぐのカップルでもなければ、サプライズがなくても一緒にお祝いできることが大切ですよね。「来月の結婚記念日は、このホテルでディナーするのはどうかな」とこちらから提案し、あなたが自ら予約を買って出てもいいのです。

# おわりに

「今の生活に大きな不満はないけれど、何かが物足りない」

「私って、ちゃんと大人の女性になれているの？」

「私の人生、このままで大丈夫？」

　きっと、この本を手に取ってくださったあなたは、今の生活や自分自身、これからの人生に何かしらの不安を抱えているのだと思います。

　仕事もプライベートも充実させたい。

　きちんとした大人だって思われたい。

　そのためには、自分の意志を持つことが必要だと分かっているけれど、強いだけだと周囲と衝突してしまう……。

　そう考えると、本書のテーマである「美しくしなやかに生きる」というのは、とても難しいことのように感じられるかもしれません。

　実際、私もそう感じていた時期があるので、気持ちはとても分かります。

ですが、難しく考えないでください。

きっと、頭の中でばかり考えているうちは何も変わりません。


「自分を変えたい」

その思いがあるなら、まずは始めることです。

本書を閉じたあと、何か一つでも実践してみてください。

そして、すぐに行動に移した自分を褒めてあげてください。

一気に何もかも変えようとしなくて大丈夫です。

1カ月後、また本書を読み返していただき、「これもやってみよう！」と、あなたの生活の中に、レディになれる要素をどんどん増やしていってみましょう。

一つずつ積み重ねれば、あなたの生活は確実に変わっていくはずです。

ただ、続けていても、自分が変われているのか、本物のレディになれているのかどうかは、自分ではなかなか分からないかもしれません。

そんな時は思い出してください。答えは、あなたの中にあるのだということを。
もしあなたがこれまで気づかなかった道端の花に目が留まったり、疲れていても電車の中でお年寄りや身体の不自由な人にサッと席を譲ることができるようになったり、
待ち合わせの時間の5分前に到着できるようになったり、
他人に批判されても、ムキになって反論せずに堪えることができるようになったり、別れた彼氏のことを、「最後はつらかったけれど、ステキな人だった」と思えるようになったなら……。

それは、あなたが自分も周囲も大切にできている証拠であり、人生が良い方向に回り始めたサインです。
そうなった時、あなたは、あなた自身が思う以上に輝いています。
そして、自分が想像しているよりもずっと、周囲の人に慕われ、愛されているはずです。

人が人と関わらずには生きることは不可能です。

だから、レディになったからといって、すべてが思い通りにいくとは限りません。

むしろ、理不尽なことや、自分の力ではどうにもならないことも、人生にはたくさん待ち受けているでしょう。

ですが、「自分を変えられた」という経験は、これから先の人生で困ったこと、つらいことに遭遇した時に、大きくしなやかな自信となってあなたを支えてくれるはずです。

最後に、本書の出版にご尽力くださった編集の小寺さん、ライターの音部さん、デザイナーの月足さん、イラストレーターのｎａｔｓｕさん、ホリプロの平崎さん、田中さん、アシスタントの宮田さんに、この場を借りて心からのお礼を申し上げます。

この本が、あなたの人生を変えるきっかけになれば、著者としてこれほどの喜びはありません。

どうか、あなたの毎日がキラキラと輝きますように！

本書を読んでくださったすべてのレディに感謝をこめて。

２０１６年７月

小西さやか